·政党外交与全球治理丛书·

北极国家政党政治与战略决策

肖 洋·著

时 事 出 版 社
北京

本书受到北京市优秀人才培养资助青年拔尖个人项目（项目编号：2016000026833ZS06）的资助，特此表示感谢！

前　言

区域与国别政党政治是国际关系研究的新领域，也是全球治理的核心动力。习近平总书记指出：政党在国家政治生活中发挥着重要作用，是推动人类文明进步的重要力量。政党，尤其是执政党，作为主权国家的合法代表，必然会为了本国和本党派的核心利益而积极参与国家战略方针的制定，并扩大对外党际交往。因此，政党在当代国际政治舞台上扮演着相当活跃的角色，它对国际关系的影响日益巨大，遂为国内外学者重点关注。

北极在全球治理中占有重要地位。虽然这是一个地广人稀的地区，但随着全球气候暖化、国际经济结构发生巨大变化，北极成为全球治理的新兴热点地区。北极地区的可持续发展，在某种程度上需要北极国家承担更多的责任和义务，未来深入研究北极治理的成效差异化，推动“北极善治”的国际合作，需要了解北极国家政府结构与政党政治生态环境，尤其重点关注政党政治对国家北极战略决策的影响。这包括北极国家的不同政党如何看待北极领土的安全和发展、北极区域与次区域国际制度体系之间的相互作用，以及更广泛的议会间、政党间的政策协调。本书尝试从北极治理的现状出发，梳理北极国家的政府结构与政党政治，分析主要政党的基本政策主张及对北极事务的政策立场，以期在解读北极国家北极战略文本的过程中洞悉文本背后的政党因素。

在北极治理的大背景下，加强研究北极国家的政党政治与战略规划，是优化北极地区国际关系格局、稳定北极政治经济形势、减少国际冲突的重要途径。外交的核心任务是护持并拓展国家利益，从这个维度来看，北极国家的政党外交，特别是议会党团外交，扩展了“外交”的概念内涵。政党外交的主要工作是增信释疑、对话共赢，其核心理念是“合作”，这就促使笔者深入探讨北极国家政党政治与北极战略决策的良性互动机制，从而将研究的视角从北极国家的政党体制对本国北极战略决策和北极外交的影响力，逐渐延伸到北极国家政党如何共同参与北极治理上来。随着政党已成为新型国际关系行为体，在共建“人类命运共同体”的历史契机下，北极地区跨国政党合作已是大势所趋，并渗透到北极治理的各个方面，显示出新的特点。

考察政党政治在国家战略决策中的地位，通常需要考察两方面的因素：一是政党政治在该国政治生活中的活跃度，二是政党的法律地位及对国家战略决策的影响力。前者表明了国家政策背后的政党力量，后者决定了各类政党影响本国战略决策的能力及功效大小。通常而言，执政党总揽国家权力，其开展国际交往的能力大于在野党，甚至能够直接控制外交决策进程，将本党派的意志上升为国家意志。由此可知，国家战略决策的基本行为体是执政党或执政联盟。

为了厘清政党政治对当代北极治理的促进作用，需要明确政党研究和政党外交的时代价值。首先，政党已经成为国际关系的新型行为主体。从当代国际政治的实践来看，国家政党以及跨国政党，不仅可以表达国际社会中各方面的意愿和要求，影响或牵制国家的对外决策，而且可以提供和创造灵活的党际沟通渠道，使得国家间的交流和沟通具有更大的灵活性和多样性，从而有助于改善国际关系。可以说，政党是国家对外实践的真正指导者。

其次，政党的国际交往与政策协同会对国际交往产生积极作用。一方面，政党外交不同于政党普通的对外交往，只有执政党的对外交往是为了维护国家利益或促进国际关系时才称得上政党外交。另一方面，政党外交不同于党际关系。政党外交是政党为了维护本党利益、国家关系而与外国合法政党进行的交往活动；党际关系则侧重于政党与政党之间关系的密切程度。

再次，政党的活动方式呈现出多元化特征。在全球治理过程中，政党外交不拘泥于传统的外交程序和礼仪，互动方式比较灵活，主要通过党派领导人之间的治国理政经验交流以及执政党对话等较灵活的形式展开，有助于消除误解、增进了解、加深理解，畅通信息沟通渠道，推进政见交流，从而为优化国家间关系发挥基础性作用。

最后，政党政治具有新的发展趋势与发展任务。一是政党政治的内容将更为广泛。政党政治除了包含不同党派领导层之间关于执政经验、治国理念等内容的交流之外，还将涉及一些经济与技术合作、政治支援，以及对历史遗留问题的解决。二是政党政治的载体将日益多样化。各国党派领导人可以利用区域议会组织、跨国政党组织、民间组织等作为载体进行交往，甚至也可以在多边官方会晤的间隙开展对目标国执政党的外交实践。三是政党政治的国际影响将更加深远。各国政党间交往的成败得失不仅会改善或恶化国与国之间的关系，还可能因同一政党再次执政或长期执政而影响国际关系的长远发展。因此，政党外交与政府外交将成为国际交往的两条主线。

总而言之，就国外政党政治研究而言，全球治理的研究需要沉下去，研究主体应从国家层面深入到政党层面，方能进一步加深人类社会相互依存的内在联系。这也赋予北极国家各政党新的时代使命。孤立自处还是合作共赢，已经成为北极国家政党探索国家发展道路的核心命题。联合国采纳中国提出的“构建人类命运共同体”倡议，发出了全球化时代人类社会共存式发展的最强音。

北极地区的发展是人类社会共同发展的重要一环，通过政党国际合作来构建“北极命运共同体”是当今时代的必然要求。“北极命运共同体”的具体目标至少应该包括四个方面：一是在国际安全方面，实现“远离恐惧、普遍安全”，防止北极地区出现大规模军备竞赛和军事对抗，防止北极地区的再军事化，维护北极地区安全格局的稳定。二是在国际经贸方面，实现“远离贫困、共同繁荣”，推动北极地区经济开发，在北极海空物流链的基础上，推动跨区域北极经济协调发展。三是在跨国文化交流方面，实现“远离封闭、开放包容”，尊重北极原住民的文化传统，实现跨国跨民族的正向文化交流。四是在生态保护方面，实现“山青水秀、清洁美丽”，坚持环境保护优先原则，维护北极生态环境平衡。通过研究国别政党政治来凝聚“北极善治”的共识，本身就是政治学发展的实践价值，富有成果的北极国家政党研究是建设北极命运共同体的核心支柱。

政党的活动不仅影响到主权国家的内政决策，而且会通过“外溢效应”逐渐拓展到战略决策等方面，进而对国际关系产生影响。政党政治的核心是通过成为执政党，将党派利益上升为国家意志。政党政治对国际关系的影响主要表现在两个方面。一方面，政党政治直接影响着一个国家对外政策的基本走势。具体表现为：执政党通过其领导的政府、控制的议会直接参与外交决策；在野党则通过议会斗争等途径间接制约或牵制本国的对外决策。政党在国内政坛的较量会形成外溢作用，这将直接影响国家的对外政策，对地区和世界安全形势影响重大。另一方面，政党政治与国际政治存在连锁反应。一个国家的内外政治是相互影响的，并具有某种程度上的因果循环关系。国内政治的变化可以直接影响一国对外关系的根本性变动，同时，国际政治反过来又影响国内政治的发展。这种影响主要表现为执政党的易位会引起国际政治的连锁反应。例如，2008 年欧洲金融危机以来，瑞典民主党以控制恶意滞留和非法移民为由，主张加强对外籍高等教育留学人员申请劳务移民居留证的审查力度，在针对贸易保护、接收叙利亚难民问题上的排外立场十分明显。而丹麦人民党主张保护丹麦人的文化遗产，通过严格的法律限制务工和穆斯林移民，反对国际合作，反对非欧盟国家投资格陵兰机场项目以及其他矿业合作项目。此外，芬兰、挪威右翼民粹主义政党的影响力不断提升，多次开展反移民主义的活动。

世界各国政党对国际政治产生作用，通常是由对政治体制与国家政体进行资源优化配置来实现的。它们对国际政治的影响主要表现为执政党通过践行外交战略方针来推动国际关系和国际政治格局的变化。一个政党对国际事务的影响程度又因该国政党体制与国家政体配置的方式不同而有所差异，这种差异取决于执政党执行外交政策时所受到的国内阻力，以及行政官僚体系在贯彻本党外交方针上的程度差异。作为全球治理的主体，政党外交的目标是进行跨国党际交流与合作，协调各国政策，治理诸如国际冲突、难民、国际恐怖活动、环境保护等全球性问题。同时，政党政治的中心议题，从国内权力博弈逐渐扩展到提升全球性影响力等方面。因此，政党政治的实践平台不断扩容，政党外交也从幕后走向前台。

进入21世纪以来，全球化的迅猛发展，使政党组织将关注的焦点从意识形态斗争转移到全球治理上来。环境保护、维护人权、缩小南北贫富差距、根除恐怖主义等议题，已经成为政党外交的主要议题和重要任务。政党在国际社会的角色与功能日益突出，政党外交活动对解决全球性问题发挥了重要作用，这就必然要求各国执政党之间要放下偏见，达成全球善治的共识，推动跨国党际合作。因此，把政党外交作为一种新兴的全球治理模式进行研究，对政党外交在全球治理中的地位和作用进行正确评价，是新形势下的一项重大任务。

综上所述，实现“北极善治”是北极国别政党政治研究的起点，开放、平等、包容是大多数北极国家主流政党的立场。加大对北极国家政党政治的了解，采取适当的方式开展与北极国家的政党外交，是提升北极治理成效的重中之重。正是在“北极善治”的国际大背景下研究北极国家的政党政治与政党外交，方能深化北极治理研究的学理维度，以实现跨区域北极治理合作的深入进行。

本书是笔者主持的国家社会科学基金项目《“冰上丝绸之路”倡议下北极经济发展的国际协调机制研究》（项目批准号：19BGJ076）的阶段性成果，同时也是自然资源部（国家海洋局）2021年外协项目《北极安全格局的新变化及其对我国的影响研究》（合同编号：JDB20210204）的代表性成果，感谢学界同仁的抬举与厚爱！我愿奉己余生致力于北极问题研究，伴随祖国负重前行，重启属于中华民族的荣耀时代！

肖　洋

目录

Contents

第一章　加拿大政党政治与北极战略

第一节　加拿大的政府系统

加拿大国名 Canada 源于易洛魁语 kanata，意思是村庄或定居点，[①] 国土面积为998 万平方公里，为世界第二大国。加拿大人口约为3950 万（2023 年1 月），其中90% 的居民生活在加拿大—美国边境约320 公里的狭长地带，大约60% 的人生活在加拿大中部的安大略省和魁北克省，而加拿大首都渥太华和多伦多、蒙特利尔、温哥华等大都市区则是人口聚居区。加拿大作为北极大国，在北极事务上具有较大的影响力。

一、中央政府

加拿大是英联邦成员国，英国国王是加拿大国家元首，加拿

---

① 易洛魁（Iroquois），意译为“居住在长屋的人们”，是生活在北美东北部的印第安原住民，大部分信仰基督教，说本民族语言和英语，是北美印第安人中学习西方科技和文化最积极的一支，曾组成强大的易洛魁联盟（Iroquois Confederacy），现居住在美国东北部和加拿大魁北克省的保留区。

大总理是政府负责人。加拿大由10个省和3个地区组成，各省政府按照宪法规定进行地方管理。加拿大联邦制并不是静态的权力划分，而是长期存在着央地分权的矛盾。

（一）行政机构

加拿大的中央行政机关又称“英王会同枢密院”，枢密院包括总理、内阁、枢密院院长、枢密院书记官、枢密院办公室和其他公职人员。

总督是英国王室在加拿大的代表，省督是英国王室在加拿大各省的代表，是加拿大省级行政机关象征性的最高领导者。省督由总理提名、总督委任，任期通常为5年。总督由加拿大总理提名推荐，英国国王任命，任期通常也是5年。

加拿大政府由获得众议院支持的政党组成。如果没有一个政党在议会中占有多数席位，那么行政机构将由人数最多的政党组成，只要政府能够通过获得和持有其他团体的支持来维持权力。如果一个政府失去众议院的支持，则或被取代，或解散议会并举行选举。从1921年至今，加拿大传统的两党制被打破，少数党政府和政党联盟成为现实。①

一般情况下，各选区组织派代表参加全国政党领导会议，并选出总理，总理亦是加拿大众议院最大政党的领袖。1919年，加拿大第一次全国政党领导会议举行，总理必须在全国301个选区中赢得席位后立即组建内阁。加拿大政府的部长通常从国会议员中选出，大多数人将担任一个或多个部长职位，其中某些部门传统上由特定的地区控制（如农业部长通常由西部地区的议员担

---

① 1921年、1925年、1957年、1962年、1963年、1965年、1972年、1979年和2004年出现了少数党政府。

任）。但有时，参议院议员可能会担任一个部长职位，以确保政府代表来自全国所有地区，而内阁的选择是基于地区分布、才能、经验和个性等因素。由内阁所达成，且具有法律效力的决定被称为“枢密院令”。

加拿大内阁由执政党或执政党联盟内的30多位国会议员组成，入阁人选由总理建议、总督任命。总理本人是内阁成员，且是内阁的最终决策人。由部长、秘书和高级公务员组成的官僚系统决定内阁的决策。20世纪70年代初，加拿大成立了两个中央机构来帮助政府合理化运作。枢密院办公室是一个无党派机构，它由公务员组成（包括500多名官员和辅助人员），其主要职能是协调内阁活动和内阁委员会会议，其中枢密院的书记官是国家的最高公务员。总理办公室显然更具党派性，由总理的支持者组成。这个办公室提供建议，起草施政报告，并负责很多公关工作。与内阁相似，宪法没有规定这两个机构的主要职责，因此其工作职责随总理的意愿而变化。在政府部门的人员配备方面，公务员委员会发挥着重要作用，其可达到副部长级别，但理论上只有部长和议会秘书是政治家。无论如何，党派都是公务员任命中的一个重要因素，因此当新政府组建后，公务员的任命会有相当大的变化。

到了20世纪80年代，分散决策成为加拿大政府的常态。加拿大成立了优先事项与规划委员会（由总理担任主席）、行动委员会、立法和众议院规划委员会、议会特别委员会、通信委员会以及安全与情报委员会等，以协调决策并向内阁提出建议。

（二）立法机构

加拿大立法机构即加拿大国会，包括众议院和参议院。从法律上来说，两院是平等的，所有的法案都必须通过两院的批准才能成为法律。众议院的重要人物包括众议院议长、众议院执政党首席议员、众议院反对党首席议员。众议院负责处理日常政府事务和制定法律。参议院最初旨在保护较小的省份和少数民族，后增加了两大作用：调解众议院立法争端以及就重大社会和政治问题举行听证会。由于参议院的新成员由总理任命，因此一个政府执政的时间越长，执政党对参议院的影响力就越大。

每当十年一次的人口普查结束后，加拿大众议院席位的分配便会根据人口变化进行调整。截至2021年3月，加拿大众议院共有338个议席，全部由选举产生，议员任期不超过4年。其中自由党占158席、保守党占121席、魁人政团占32席、新民主党占24席、绿党占3席。由于众议院席位按人口比例分配给各省，因此安大略省和魁北克省等人口较多的省份比其他人口较少的省份拥有更多的议会代表。

为了避免出现爱德华王子岛省和纽芬兰—拉布拉多省等人口小省的众议院议员人数少于参议院议员人数的情况，参议院共设置议席105个，所有的议员都由总理推荐、总督委任，且参议院议员强制退休年龄是75岁。参议院的重要人物包括：参议院议长、参议院执政党首席议员、参议院反对党首席议员。在参议院的议席中，独立参议员党团占43席、保守党占20席、加拿大参议员党团占12席、进步参议院党团占11席、独立参议员5席、空缺议席为14席。参议院议席相对固定。加拿大按地区设置了固定的议员人数：安大略省24人、魁北克省24人、新斯科舍省10人、新不伦瑞克省10人、爱德华王子岛省4人、纽芬兰—拉布拉多省6人、[1] 不列颠哥伦比亚省6人、艾伯塔省6人、马尼托巴省6人、萨斯喀彻温省6人、育空地区1人、西北地区1人、努纳武特地区1人。

议会会期长短取决于政府提出的法案数量。两院通常每年举行两次会议，即每年的1月和10月。

众议院的权力很大，但主要属于总理及其内阁。政党通过在众议院立法来实现执政目标，没有进入政府的执政党成员可以提出独立议员法案，但应遵守党魁的指令。这种严格的党纪要求可能会导致党员对党的忠诚与对选民的忠诚两者间的选择困境。反对党在众议院的作用包括：批评立法、提出修正案、阻挠立法程序。不管众议院中有多少个政党，都只能有一个官方反对党，称为忠诚反对党。这个团体通常由众议院第二大党组成。

（三）司法机构

加拿大最高法院是加拿大最高司法机关，是民事、刑事和宪法案件的最终仲裁者。加拿大最高法院成立于1875年4月8日，但直到1949年才拥有终审权。最高法院的9名法官由总督根据总理的建议任命，任期相对稳定，退休年龄为75岁。最高法院的法官来自于不同地区。

---

① 因为纽芬兰省1949年才加入加拿大联邦，后更名为纽芬兰—拉布拉多省，所以加拿大宪法没有将其放入任何一个地区内，而是将其作为一个整体来分配参议院名额。

表1-1　加拿大最高法院法官的席位分配

省/地区	席位
魁北克省	3（法定）
安大略省	3
不列颠哥伦比亚省 艾伯塔省 马尼托巴省 萨斯喀彻温省	2
新不伦瑞克省 纽芬兰—拉布拉多省 爱德华王子岛省 新斯科舍省	1

笔者自制。

加拿大每个省份都有一个完整的法院系统来处理各类案件，包括省高级法院和地方中级法院。议会在刑法领域有专属管辖权，而省级立法机构有权设立刑事法院管辖权。除魁北克省以外，所有省份都遵循普通法传统。魁北克省使用《魁北克民法典》，这一制度以《拿破仑法典》为基础，且司法实践历史悠久。

二、地方政府

加拿大各省在卫生、教育和福利领域拥有大量专属权。加拿大是权力最分散的联邦制国家之一，省政府实际上比联邦政府更重要，其对加拿大人日常生活的影响也往往比联邦政府大得多。实际上，各省选举的投票率偶尔会超过联邦选举投票率。

自1867年建国以来，加拿大央地两级政府之间一直存在着权力斗争。加拿大地方主义缺乏平衡性，导致较富裕的省份（如安大略省、魁北克省、不列颠哥伦比亚省和艾伯塔省）带头抵制日益扩大的联邦权力，而较贫穷的省份（如纽芬兰—拉布拉多省、新斯科舍省、爱德华王子岛省、新不伦瑞克省、萨斯喀彻温省和马尼托巴省）则欢迎更多的联邦管控。

然而，随着时间的推移，权力下放已成为加拿大的常态。因此，各省在许多领域获得了重要和实质性的立法与行政权限（有时被称为“管辖联邦制”）。随着地方权力的增强，联邦政府和省政府之间的财政失衡变得更为明显，加拿大的政治体系已经演变成一个协商式联邦主义结构。在这个结构中，联邦政府和省政府之间经常就不同的政策议题进行谈判和协商。联邦政府和省政府关系的特点是：总理和各省省长之间或负责特定政策领域的联邦政府部长和各省相应部门负责人之间频繁会晤，共同协商两者的决策权限和财政责任。

联邦政府和各省政府之间的复杂问题是：各省政府可以从联邦政府获得财政拨款来资助其政策和举措。加拿大已经建立了联邦转移支付制度，以确保所有省份以相同的税收水平提供大致相同水平的公共服务。虽然农业省萨斯喀彻温省和马尼托巴省也从转移支付中获益匪浅，但沿海发达省份从中受益更大。因此，这些省份支持一个联邦制的结构是毫不奇怪的。加拿大联邦制的演变对选举也产生了重要影响。由于省级政策往往与联邦级政治相分离，因此公民常常通过划分党派关系以反映对省级和联邦级政策的不同偏好。

每个省由一院制立法机构组成（立法机构的规模从爱德华王子岛省的 27 名成员到魁北克省的 125 名成员不等），其中拥有最多席位的政党组成政府，其领导人成为省长，而拥有第二多席位的政党成为官方反对党。在许多方面，立法机构的选择机制和结构反映出联邦制的特征。加拿大的地方政府或市政府在各省的职能和形式上差异很大，大多数地方管理机构（包括学校董事会）和领导人的选举都具有无党派性。

加拿大通常被划分为四个重要的区域——东加拿大（新不伦瑞克省、纽芬兰—拉布拉多省、新斯科舍省和爱德华王子岛省）、中加拿大（安大略省和魁北克省）、西加拿大（艾伯塔省、马尼托巴省、萨斯喀彻温省和不列颠哥伦比亚省，其中前三个省通常被称为草原省）和北加拿大（西北地区、育空地区和努纳武特地区）。

在东加拿大几个大西洋沿岸省份中，新斯科舍省人口最多，爱德华王子岛省人口最少。东加拿大居民主要是英国裔和爱尔兰裔，但也有相当数量的法国裔集中在新不伦瑞克省的阿卡迪亚。渔业仍然是东加拿大的主要行业，但随着政府强制实施鳕鱼禁令，渔业发展变得异常困难。由于该地区缺乏第二产业，因此联邦政府转移支付占省级财政收入的30%至50%，其中纽芬兰地区近五分之四的财政收入依靠加拿大政府的转移支付。①

中加拿大是加拿大政治经济核心区。该地区的政治思潮分为联邦主义和分离主义，其中法裔加拿大人的民族主义影响着联邦和省两级政治舞台。自1960年加拿大联邦成立以来，魁北克地区一直在寻求保护其在省和联邦政治中的文化独特性。该省的议席数量较多，加上当地人通常作为一个集团投票，这两者决定了一个成功的政党必须关注魁北克问题。保守党和自由党一直控制着魁北克联邦政治，更倾向于联邦主义，而魁人政团有强烈的分离主义倾向。事实上，魁北克省内部以及加拿大和魁北克省其他地

① Neil Schlager and Jayne Weisblatt, World Encyclopedia of Political Systems and Parties, New York: Facts on File, 2006, pp. 207 - 227.

区之间仍存在裂痕。安大略省是加拿大人口最多、最富裕、政治影响力最大的省份，它的居民以英国裔居多，同时有大量的法裔、意大利裔、德裔和其他民族。安大略省和魁北克省一起构成了加拿大的工业中心，因此在联邦选举中安大略省支持的政党最有可能获胜。

西加拿大是加拿大政治最激进的地区。由于其开发时间较晚且有大量移民涌入，该地受到了种族多样性和农业运动的影响，因此缺乏自由主义和保守主义传统。加拿大人经常将西部大草原（草原省）与太平洋西部（不列颠哥伦比亚省）区分开来。草原省拥有农业区，而不列颠哥伦比亚省有着太平洋海岸、落基山脉和北部森林的不同景观，是一个自成一体的地区。萨斯喀彻温省和马尼托巴省一直由新民主党主持。自 20 世纪 70 年代末以来，不列颠哥伦比亚省的政治特点是新民主党和改革党的交替执政，但自由党的力量近年来在急剧增加。

北加拿大是由北纬 60 度以北的加拿大领土形成的独立区域。这一大片地区主要是原住民（德纳族、因纽特人和梅蒂斯人）的家园，但仍然受到联邦政府的宪法管辖，其中育空地区与阿拉斯加接壤。该地区的选举没有政党参加，所有候选人都以无党派人士的身份参选。1999 年成立的努纳武特地区是加拿大人口最少的地区。努纳武特的省长是联邦印第安和北方事务部部长任命的专员。

三、选举制度

加拿大是一个联邦制国家，因此有两种并行的选举制度：一种是全国选举，另一种是省级选举。所有年满 18 岁及以上的加拿大公民都有资格在省和联邦选举中以无记名投票方式进行投票。1918 年，加拿大女性获得了联邦选举权。① 1916 年（马尼托巴省）到 1940 年（魁北克省）女性逐渐获得省级选举权。原住民于 1960 年获得投票权（因纽特人于 1950 年获得投票权），投票是在选民所在选区进行。英裔加拿大人在联邦选举中比较活跃，而法裔加拿大人在省级选举中更加活跃。

加拿大的选举制度基于单一成员多数制，即每个成员代表一个选区。在一个区域利益如此多样化的国家，这种结构的影响是双重的：以区域为基础的少数民族政党或代表过多，以少数民族为基础并遍布全国的政党和代表过少。例如，新民主党传统上被视为一个以西部为基础的地区性政党，它得到了除魁北克省以外的所有地方的大力支持，在省议会层面获得了 15% 至 18% 的选票，但在国会层面只有 8% 至 12% 的席位。由于省议会的规模较小，席位和投票权之间的差异往往更大。一个典型的例子是，2000 年爱德华王子岛省的省议会选举中，保守党以 52% 的选票赢得了 85% 的席位，自由党以 42% 以上的选票赢得了 15% 的席位。这种席位和投票权之间不一致的现象已经被讨论了很久，并且在第一次世界大战之前就已经有人呼吁建立比例代表制。

当联邦议院或省议院的当选议员不再担任该席位时（由于死亡或辞职），该选区将举行补选以选出新议员。补选有可能危及政府执政党的多数席位。1997 年，加拿大议会采用了新的选举规则，将竞选时间从 47 天缩短到 36 天，此外为了避免因时区差异所导致记票结果的延迟，加拿大议会决定在西部地区投票结束后再开始计票。

---

① 起初这一战时措施仅适用于军人的妻子、母亲和姐妹。

第二节　加拿大的政党政治与主要政党

一、政党竞选的基本要素

（一）资金要素

加拿大政治团体在登记注册后就能获得财政支持，而参选的个人候选人只需缴纳1000美元的选举保证金即可参选。但如果候选人未能获得15%的选票，其所缴纳的保证金将被没收。

1974年颁布的《选举费用法案》改变了竞选活动的基本资金来源。该法案允许个人对价值不高于500美元的礼物进行税收抵免，从而使国家能够间接补贴竞选活动。它还规定一个政党有资格获得间接补贴的前提条件是在议会中有一名代表或者在至少50个选区有候选人。目前，自由党、保守党、新民主党、魁人政团等都满足了这些要求，并可报销总选举费用的22.5%。从2004年起，公司和工会对政党的捐赠受到严格限制，政党需要根据赢得的选票比例来获得公共竞选资金。

（二）组织要素

加拿大主要政党在联邦和省两级都保持着党组织结构，并能够自主运作。虽然这种中央—地方自治状态广泛存在，但通常两级有相当多的合作，而合作的程度往往取决于有关政党是否掌握政府权力。例如，自由党和保守党为其省级分支机构提供了相当多的自主权，而新民主党在政策和财务问题上对其省级分支机构施加了更多的控制。一般来说，每个政党都会设置一个行政机构来负责协调政策和筹备全国竞选活动，党主席负责一般行政管理和日常党内事务。

在加拿大政治中，自由党和保守党的领导人拥有较大权力，他们可要求党员遵守党的纪律。政党领导人由各选区代表投票选出，在这个过程中，通常会出现激烈的派系斗争，要进行多轮选举，直至剩下两名候选人。其中获胜一方被宣布为领导人，而落选的一方应该遵守党的纪律，尽最大努力支持成功的候选人，以此来维护党的团结。

二、主要政党

加拿大自独立以来，其国内政坛长期由保守党和自由党主导。但 2011 年大选后，奉行社会民主主义的新民主党取代自由党成为加拿大第二大党。除此之外，支持魁北克独立运动的魁人政团和关注环保问题的绿党也成为加拿大政坛的新兴力量。

（一）自由党

自由党是加拿大历史最悠久的政党，成立于 1867 年 7 月 1 日，其前身是晶砂党和红党，总部设在渥太华市。该党奉行社会自由主义和社会民主主义，是国际自由联盟的成员。2019 年 10 月 21 日，自由党赢得加拿大大选，但由于在众议院没有获得半数席位，因此建立少数派内阁。

自由党在其全国性和省级组织之间保持着密切的关系。自由党全国党员大会每两年召开一次，以制定政策和选举国家官员，与会代表来自议会、省级组织、省级立法机构、选区组织和各类委员会的党员。自由党既能够在联邦一级执政，又能同时保持对加拿大中部地区的控制，这反映了自由党在魁北克省和安大略省拥有强大的影响力。① 自由党长期以来一直受到少数民族群体的欢迎，尤其是那些移民到加拿大的人。一方面，由于该党将自己塑造成少数民族的保护者，并在执政期间推动了加拿大大规模移民潮；另一方面，城市中产阶级对自由党的支持率很高。

表 1－2　2021 年自由党议员数量

省名	议员总数	男性议员数	女性议员数
纽芬兰—拉布拉多省	6	4	2
不列颠哥伦比亚省	11	8	3
新不伦瑞克省	7	5	2
新斯科舍省	10	8	2
马尼托巴省	4	0	0
安大略省	76	45	31
爱德华王子岛省	4	4	0
魁北克省	35	21	14
萨斯喀彻温省	0	0	0
艾伯塔省	0	0	0
西北地区	1	1	0
育空地区	1	1	0
努纳武特地区	0	0	0

笔者自制。

① D. J. Sagar, Political Parties of the World, 7th edition, London: John Harper Publishing, 2009, pp. 100－105.

自2015年执政以来，自由党的执政纲领始终围绕三个方面展开：维护中产阶级利益、社会发展和环境保护。自由党取得的成绩包括：（1）推出新的加拿大儿童福利金，使近30万名儿童摆脱贫困。（2）将领取养老金和补助金的资格年龄恢复至65岁。[①]（3）设置排污收费制度，采取实际行动应对气候变化。（4）引入父母共享福利制度，在共享育儿假时提供额外五周的福利，并创建4万个普惠制托儿所。（5）为首次购房者提供更多支持，包括首次购房者奖励计划。（6）在参与钢铁和铝关税谈判、新《北美自由贸易协定》的谈判过程中，捍卫加拿大的权益。（7）对加拿大各地的交通、道路和桥梁建设进行新一轮投资。（8）将小企业税率从11%下调至9%，鼓励发展小微企业。（9）降低中产阶级所得税，提高富裕阶层的收入。（10）保护沿海社区和海洋生态系统。（11）重新修缮城市自来水基础设施。（12）推出新的工人福利政策，扩展中产阶级规模，降低贫困率。（13）推出新的工作技能培训计划。（14）与其他G7国家达成自由贸易协定。（15）出台加拿大第一个国家住房战略，大规模建造经济适用房。（16）为加拿大的梅蒂斯人、因纽特人提供住房和供水基础设施、学校教育、语言保护。（17）全面禁止使用有害的一次性塑料制品。

2021年6月21日，加拿大总理贾斯廷·特鲁多在全国原住民日上承诺：要加深对原住民不同历史、法律、文化、习俗、语言的理解，尊重和保护因纽特人和梅蒂斯人的文化传统与历史贡献，打击系统性种族歧视，继续推动民族和解。[②] 自由党政府致力于解决原住民社会发展、公共健康和经济振兴问题。2021年政府预算

① 斯蒂芬·哈珀执政时期曾将领取养老金的资格年龄提升到67岁。

② Liberal, "National Indigenous Peoples Day 2021", https://liberal.ca/national-indigenous-peoples-day-2021/, 2021-10-28.

提议在未来五年内投资180亿加元以建设健康、安全和繁荣的原住民社区。2021年6月17日，加拿大参议院通过了《联合国土著人民权利宣言》，贾斯廷·特鲁多政府设置首个原住民语言专员办公室。在2021年自由党全国代表大会上，自由党确定了26个优先施政议题。

表1－3　2021年自由党优先施政议题一览表

	议题名称	提案方
1	实施全民药物管制	自由党安大略分部
2	提升低收入人群的收入	自由党安大略分部
3	提升长期护理机构的保障机制	自由党不列颠哥伦比亚和新斯科舍分部、自由党高级委员会、自由党团
4	建设魁北克—温莎高铁	加拿大青年自由党
5	差异化提升基本收入水平	自由党不列颠哥伦比亚分部和安大略分部
6	结束加拿大治安、司法系统中的种族主义	自由党不列颠哥伦比亚分部
7	实施绿色新政	自由党不列颠哥伦比亚分部
8	预防中学教育机构的暴力	加拿大青年自由党
9	发展绿色经济	（魁北克）青年自由党
10	评估加拿大医疗体系的安全性	自由党魁北克分部
11	建设农业超级大国	加拿大自由党团
12	改善互联网基础设施	自由党爱德华王子岛分部
13	增强老年人保障措施	自由党魁北克分部
14	建设面向弱势老年人的经济适用房	自由党高级委员会

续表

	议题名称	提案方
15	为工人提供低碳科技培训	自由党纽芬兰—拉布拉多分部
16	在公司破产时保障员工养老金足额发放	自由党高级委员会
17	解决加拿大对原住民女性的司法歧视	原住民人民委员会
18	确保养老金作为公司破产程序的第一选项	自由党艾伯塔分部
19	为残障家庭提供保障性收入	自由党艾伯塔分部
20	为流浪人群构建国家综合政策	自由党新斯科舍分部
21	确保加拿大粮食安全	全国女性自由委员会
22	构建草原水资源管理战略	自由党马尼托巴分部
23	投资农村卫生保健系统	自由党爱德华王子岛分部
24	推动水务管理知识的发展与分享	自由党萨斯喀彻温分部
25	建立电信与互联网应急系统	自由党新斯科舍分部
26	西北地区资源收入共享	自由党西北地区分部

笔者自制。

（二）保守党

保守党属于加拿大中间偏右政党，成立于2003年12月7日，由加拿大进步保守党和加拿大联盟合并而来，总部位于渥太华，奉行经济自由主义、财政保守主义和联邦主义，是加拿大主要政党。保守党是国际民主联盟的成员。保守党的政策主张包括减少税收、约束政府权力、增强总理权力、强力打击违法犯罪、增强军事力量、反对大麻合法化。斯蒂芬·哈珀于2004年3月20日至2015年10月19日担任保守党党首，并且于2006—2015年担任加拿大政府总理。2020年8月24日，艾林·奥图尔就任保守党党首。

表 1－4　保守党参加历届加拿大大选的结果统计表（2004—2019 年）

大选年	得票率（%）	获得众议院议席数（个）	排名	参政情况
2004	29.63	99	2	反对党
2006	36.27	124	1	少数政府
2008	37.65	143	1	少数政府
2011	39.62	166	1	多数政府
2015	31.90	99	1	反对党
2019	34.40	121	2	反对党

笔者自制。

保守党坚持所谓的财政保守主义：主张避免财政赤字，减少政府整体开支，减发国债，以实现政府预算平衡。此外，保守党支持自由贸易，反对贸易壁垒。当前，作为反对党，保守党批评贾斯廷·特鲁多政府引入碳税，并声称一旦保守党执政，则废除碳税政策。此外，保守党坚持国家利己主义，批评贾斯廷·特鲁多在与美国签订《北美自由贸易协定》的过程中，对特朗普政府过于软弱。2019 年 10 月 21 日，保守党在联邦选举中赢得了 121 个席位。该党在众议院的席位数上升并赢得了普选：获得了超过 34% 的支持率，而自由党的支持率仅为 33%。大多数省份对保守党的支持率都在上升。

需要指出的是，加拿大保守党仍然强调环境保护的重要性。在其“应对气候变化和保护环境计划”中，保守党将重建加拿大的经济和环境健康作为确保加拿大可持续发展的基石。为此，保守党计划从以下几个方面入手：一是引入低碳储蓄账户，为加拿大人首次购买电动汽车提供优惠政策，同时鼓励减少传统汽车的使用频率。二是发展零碳排放汽车。大力发展电力汽车和氢动力汽车，使加拿大成为零碳排放汽车的领导者。三是减少工业企业的碳排放，以实现 2030 年巴黎气候大会所设定的减排目标。四是设置碳边境关税以保护本国企业。

表1-5　2021年保守党众议院议员数量

省名	议员总数	男性议员数	女性议员数
纽芬兰—拉布拉多省	0	0	0
不列颠哥伦比亚省	17	11	6
新不伦瑞克省	3	3	0
新斯科舍省	1	1	0
马尼托巴省	7	5	2
安大略省	35	29	6
爱德华王子岛省	0	0	0
魁北克省	10	10	0
萨斯喀彻温省	14	11	3
艾伯塔省	33	28	5
西北地区	0	0	0
育空地区	0	0	0
努纳武特地区	0	0	0

笔者自制。

（三）新民主党

新民主党成立于1961年，由加拿大劳工大会和联邦合作社联合会合并而成。该党是一个坚持社会民主主义的中左翼政党，是进步联盟的成员。①

① 进步联盟（Progressive Alliance，PA）是由社会民主主义及进步主义政党在2013年5月22日成立的国际组织。其宗旨是成为进步主义、民主主义、社会民主主义、社会主义和劳工运动的全球性网络，总部设在德国柏林。美国民主党、英国工党、德国社会民主党、法国社会党、澳大利亚工党等数十个政党都是其成员。

新民主党禁止其成员加入其他政党，并要求成员履行新民主党的党章和党规。在全国党员大会期间，理事会是新民主党的管理机构。其成员超过 100 人，包括 20 名由全国党员大会选出的成员和 20 名由省级政党大会选出的成员。此外，联合工会和农业团体也可推荐 28 名成员担任理事会的行政管理人员。

新民主党的政治主张较为激进，从保护同性恋权益到环境治理无所不包。由于新民主党坚持废除非民选的加拿大参议院，因此该党尚没有参议院议员。新民主党的政治主张包括以下几个方面：性别平等和同性恋合法化；通过政府立法来保护环境；制定全国饮用水安全标准；加大对企业的征税；减少贫困；扩大对公共交通、公共医疗的经费支持；提升低收入人群的就业技能培训；主张采取比例代表制；取消非民选的加拿大参议院；设置最低工资标准以维护工人权益；维护加拿大原住民的土地权和宪法权益；通过外交和人道主义援助来维护地区和平；重新就《北美自由贸易协定》进行谈判等。

表 1－6　新民主党在加拿大大选的参选结果（1962—2019 年）

选举情况 年份	党的领袖	参选人数	赢得席位数	投票总数	民众投票百分比
1962	汤米·道格拉斯	217	19	1044754	13.57%
1963	汤米·道格拉斯	232	17	1044701	13.24%
1965	汤米·道格拉斯	255	21	1381658	17.91%
1968	汤米·道格拉斯	263	22	1378263	16.96%
1972	大卫·刘易斯	252	31	1725719	17.83%
1974	大卫·刘易斯	262	16	1467748	15.44%

续表

选举情况 年份	党的领袖	参选人数	赢得席位数	投票总数	民众投票百分比
1979	埃德·博德宾	282	26	2048988	17.88%
1980	埃德·博德宾	280	32	2150368	19.67%
1984	埃德·博德宾	282	30	2359915	18.81%
1988	埃德·博德宾	295	43	2685263	20.38%
1993	奥黛丽·麦克劳克林	294	9	933688	6.88%
1997	亚历丝·麦克多诺	301	21	1434509	11.05%
2000	亚历丝·麦克多诺	298	13	1093748	8.51%
2004	杰克·林顿	308	19	2116536	15.68%
2006	杰克·林顿	308	29	2589597	17.48%
2008	杰克·林顿	308	37	2517075	18.13%
2011	杰克·林顿	308	103	4508474	30.63%
2015	唐民凯	338	44	3459826	19.70%
2019	贾格梅特·辛格	338	24	2821547	15.90%

笔者自制。

新民主党在萨斯喀彻温省、不列颠哥伦比亚省、马尼托巴省、安大略省以及新斯科舍省都有强大的组织基础。它在其他沿海省份也获得了一些支持，但赢得的席位很少。在加拿大所有主要政党中，新民主党从个人捐款中获得的助选资金比例最大。此外，工会和小企业也是其重要的募资来源。新民主党对选民的承诺多以民生事务为主，其中推动跨民族、跨阶层之间的和解是新民主党的工作核心。

第三节　加拿大北极战略决策的政党因素

一、主要政党关于北极事务的立场差异

加拿大是一个多党制国家，自由党、保守党和新民主党是加拿大的三大政党。自1867年加拿大建立联邦以来，加拿大基本上是由自由党和保守党（前身为进步保守党）轮流执政，但2011年大选后，新民主党取代自由党成为加拿大第二大党。目前，自由党为执政党，保守党为官方反对党，新民主党为反对党。虽然三党在“维护加拿大在北极地区的国家利益”这一首要目标上立场一致，但是三党基于不同价值观念的引导，代表了加拿大国内不同利益集体，因此三者之间在北极事务的立场上存在着一定的差异性。由于加拿大属于北极国家，因此三党在执政或竞选过程中均有涉及对北极事务相关议题的讨论与政策制定，如北极原住民、北极能源开发、北极航道、加强北极地区主权等问题。

首先，自由党关于北极事务的主要观点有以下几方面。一是自由党关注原住民的社会、健康和经济问题，特别是对原住民女性的权益保护。① 2021年7月，贾斯廷·特鲁多推荐了因纽特全国组织的总负责人玛丽·西蒙为加拿大总督，并且得到了英国女

① Liberal, “National Indigenous Peoples Day 2021”, https://liberal.ca/national-indigenous-peoples-day-2021/, 2021-10-28.

王的肯定。值得注意的是，西蒙是一名因纽特女性。① 除此之外，在2021年加拿大自由党优先政策议题中也包含了“解决加拿大对原住民女性的司法歧视”这一议题，在总计26个议题中位列第17名。由此可以看出，自由党在保护弱势群体方面更加细致，因为原住民女性属于弱势群体里的弱势群体，自由党对其的关注度明显高于其他两党。二是自由党倾向于以征税的方式来加强公众对气候环境的保护。目前加拿大对消费者排放的二氧化碳或等价物的征收价格为每吨40加元，2016年自由党颁布了碳税政策，即从2023年起碳排放量的价格每年提高15加元/吨，到2030年达到170加元/吨，旨在促使人们减少碳排放。同时，这项政策也有助于制造商设计和生产更环保的电动汽车和其他绿色电器，有助于加拿大实现其在《巴黎气候协定》上定下的目标。目前，自由党政府将90%的碳税资金用于加拿大家庭，另外的10%用于返还给学校、小企业和原住民社区等群体。2021年4月，加拿大最高法院裁定碳税符合宪法。② 除此之外，自由党还设置排污收费制度来应对气候变化。三是自由党倾向于通过发展绿色经济来提高公众收入和提供就业机会。自由党计划在10年内种植20亿棵树，这将每年创造约3500个季节性的工作岗位。除此之外，自由党将通过帮助加拿大企业减少排放、制造低碳产品来创造经济增长，在此过程中可以为公众提供就业机会，并确保加拿大人继续拥有

① Reuters, “As Canada Heads toward Vote, Trudeau Vulnerable over Indigenous Policies”, https://www.reuters.com/world/americas/canada-heads-toward-vote-trudeau-vulnerable-over-indigenous-policies-2021-07-15/, 2021-08-21.

② The Economist, “Canada's Conservative Party Unveils Alternative Carbon Pricing Plan”, https://www.eiu.com/n/canadas-conservative-party-unveils-alternative-carbon-pricing-plan/, 2021-10-28.

高薪工作。①

其次，保守党关于北极事务的主要观点有以下几方面。一是保守党对征收碳税政策持消极态度。在2016年自由党颁布碳税政策时，保守党对这项税收持完全否定态度。加拿大保守党前领导人安德鲁·谢尔谴责这项税收政策，表示这不利于加拿大国家统一。一些支持保守党的省如安大略省和艾伯塔省更是声称该政策不符合宪法。但是，2021年4月，保守党提出了自己的碳定价计划，提出到2022年的碳排放量价格为50加元/吨且不再增加。政府将碳税分配至为每个人设立的储蓄账户中，该账户专门供人们购买自行车或节能炉等绿色商品。通过保守党的碳税收政策可以看出，其征税力度明显小于自由党。当一项税收的征收力度过小便不会使人们对这项税收产生重视，也就意味着这项税收政策是无效的，并没有达到推行其的最终目的——激励人们减少碳排放。这是保守党为了提升选民吸引力的一项政治措施。② 不过，基于保守党的议员基本来自安大略省和艾伯塔省，其中安大略省的矿产资源丰富，艾伯塔省的石油资源丰富，因此两者对碳排放量的需求是较大的。那么为了守住其在安大略省和艾伯塔省的议席，保守党也不会提出真正行之有效的气候保护措施。二是保守党在气候变化方面只关注碳排放，其他环境保护措施均未提及。保守党

---

① Liberal, "Prime Minister Announces Canada's Strengthened Climate Plan to Protect the Environment, Create Jobs, and Support Communities", https://pm.gc.ca/en/news/news-releases/2020/12/11/prime-minister-announces-canadas-strengthened-climate-plan-protect, 2021-08-11.

② Arstechnica, "Conservative Versus Liberal: A Knock-down, Drag-out Climate Policy Fight", https://arstechnica.com/science/2021/04/conservative-versus-liberal-a-knock-down-drag-out-climate-policy-fight/, 2021-10-28.

在其“应对气候变化和保护环境计划”中提出四项措施，这四项皆是与减少碳排放有关的措施，而关于清洁能源、植树造林等其他有助于解决气候变化问题的措施全部未进行讨论。① 因此保守党在气候变化问题上的关注点较为单一笼统，不够全面和细致，这也从侧面反映出其对气候变化议题的重视程度不高。

最后，新民主党关于北极事务的主要观点有以下几方面。一是新民主党明确反对使用化石燃料，其政策实施力度明显大于自由党和保守党。2021 年举办的新民主党大会上，该党并不认为化石燃料在经济中占有一席之地，明确反对钢铁业和铝业等碳密集型工程。与之相反，自由党和保守党虽然提出了各自的气候保护政策，但并未明确反对使用化石燃料。比如，两党都支持跨区域原油管道及其相关的扩建项目，这将使从艾伯塔省流向温哥华海运港口的石油产品增加近三倍，将对气候保护产生巨大的破坏。除此之外，自由党政府对加拿大化石燃料行业的补贴也在增长。非营利组织环境保护基金调查发现，2020 年 3 月至 12 月加拿大化石燃料行业得到了 180 亿加元的公共补助，其中 32.8 亿加元为直接补贴，还有 136 亿加元以公共融资的模式流入油气公司。② 二是新民主党对原住民的政策更详细与全面。新民主党提出的计划包括原住民自身权利和民族自决、教育、经济发展、生活环境、公共服务体系、司法体系、儿童福利待遇，这些基本涵盖了有关原住民的所有问题，且政策制定非常详细。2021 年 7 月，新民主

---

① Conservatives, “Our Plan to Fight Climate Change and Protect the Environment”, https://www.conservative.ca/plan/secure-the-environment/, 2021-10-28.

② 王林：《加拿大气候行动言行不一》，《中国能源报》，2021 年 4 月 26 日。

党领导人贾格米特·辛格访问内斯坎塔加第一民族，这是一个位于安大略省北部的原住民社区，他因此成为首位在访问原住民社区期间接受该地原住民前酋长克里斯托弗·穆尼亚斯邀请的政党领导人。[①] 由此可见，新民主党与原住民社区的联系较为紧密，对原住民群体亟需解决的问题也更加了解，因此其政策制定更具体，政策实施力度也更强。

二、北极政策

《加拿大北极与北方政策框架》是加拿大政府于 2019 年颁布的最新北极政策。这是加拿大总理贾斯廷·特鲁多自 2015 年上任以来制定的首份北极政策，它将取代《加拿大北部的策略：我们的北方、我们的遗产、我们的未来》（2009 年）与《加拿大北极外交政策声明》（2010 年），成为加拿大政府新的北极政策，用于指导加拿大政府于 2030 年之前的北极活动。[②]

在保守党斯蒂芬·哈珀政府时期颁布的《加拿大北部的策略：我们的北方、我们的遗产、我们的未来》中，加拿大北极战略的优先事项在于建设一个健康、繁荣、安全、强盛且独立的加拿大。[③] 但在《加拿大北极与北方政策框架》中，自由党贾斯廷·

① CBC，"Singh Hopes to Build Momentum on Tour of Indigenous Communities"，https：//www. cbc. ca/news/politics/singh - ndp - tour - indigenous - communities - 2021 - 1612255，2021 - 10 - 28.

② 周超：《加拿大颁布新北极政策》，《中国海洋报》，2019 年 9 月 20 日。

③ 夏立平：《北极环境变化对全球安全和中国国家安全的影响》，《世界经济与政治》2011 年第 1 期，第 122—133 页。

特鲁多政府提出了加拿大目前在北极地区的八大优先事项，① 更加强调建设北极健康社区、北极经济发展以及基础设施建设。

一是培育健康的家庭和社区。其内容包括关注土著居民的身体健康、个人收入、儿童教育、精神卫生设施和服务等一系列问题。“强大的北极与北方人民和社区”这一主题被视为加拿大制定新的北极和北方政策框架的核心内容。因此，新北极政策除了延续之前的维护加拿大北极主权之外，更加注重弥补北极和北方地区的社会、经济、文化等发展与加拿大其他地区的差距，并邀请包括因纽特人、第一民族（即印第安人）、梅蒂斯人等原住民团体来参与编写北极政策框架，来满足他们的利益诉求，以此来实现“一个充满活力、繁荣和可持续的北极和北部地区而共同努力的愿景”。

二是投资北部和北极政府、经济体和社区所需的能源、交通和通信基础设施。内容包括对基础设施进行变革性投资，如接入可靠的宽带，建造港口设施、机场设施、能源基础设施、通往社区和矿产资源的道路、铁路网络，解决住房等基础设施问题。

三是创造就业机会，促进创新，发展北极和北方经济。区域经济需要建立在可持续资源开采基础上，且创新创业将有助于实现经济多样化。该部分内容包括对较大规模项目的投资（如采矿等不可再生资源的开发）；确定和发展替代性经济，如艺术和手工艺这类传统文化活动；对土著居民开展工作培训等。

四是支持对社区和决策有意义的科学、知识研究。主要指加强原住民参与制定北极地区优先事项以及开展研究，认为土著知

---

① Government of Canada, “Canada’s Arctic and Northern Policy Framework”, https://rcaanc - cirnac. gc. ca/eng/1560523306861/1560523330587, 2021 - 10 - 28.

识在影响北极政策方面发挥着重要作用。

五是应对气候变化的影响，支持北极和北方地区的健康生态系统。主要指保护环境，保护生物多样性，减少对野生动物的影响，减少在北极和北方地区的碳排放量。

六是确保加拿大北极居民安全。主要包括增加加拿大武装部队和加拿大海岸警卫队在该区域的存在以维护其主权，特别是维护加拿大对北冰洋西北航道的管辖权。与此同时，加拿大应开展国际合作，提高领域意识，通过信息共享、加强协调来探索解决北极地区防务监测困境的有效路径。

七是恢复加拿大作为北极治理的领袖地位。主要包括两个途径：以北极理事会和联合国为核心，支持北极地区建立以国际规则为基础的国际秩序；加强跨北极的双边合作。

八是促进和解，改善原住民与非原住民之间的关系。和解工作不仅在国家层面进行，还在土著居民、北方地区政府以及其他机制层面进行，以此缩小加拿大南北经济发展不平衡的差距；建立土著保护区；使北极原住民积极参与国际秩序，同时在具有影响力的北极多边论坛中与原住民以及北方地区政府合作。

贾斯廷·特鲁多政府所发布的《加拿大北极与北方政策框架》中提出的八大优先事项可以划分为原住民、加拿大主权和保护环境三大部分，其中第一、二、三、四、八这五项优先事项都与原住民问题挂钩，与加拿大主权有关的是第六项和第七项，与保护环境有关的是第五项。由此可见，贾斯廷·特鲁多政府在维护加拿大北极主权和领导力之外，开始将重心聚焦于原住民问题，且贾斯廷·特鲁多政府对北方地区原住民的关注度更高，思考的范围也更广。哈珀政府推出的《加拿大北部的策略：我们的北方、我们的遗产、我们的未来》则主要聚焦于主权权利、环境保护与多边外交，其重心在于维护加拿大的主权独立与领土完整，如维护对北冰洋西北航道和北冰洋大陆架的主权；而新版北极战略只是稍微提及了加拿大对西北航道的主权维护。但是《加拿大北极与北方政策框架》只是列出加拿大于2030年之前需完成的总体目标与任务，并未详细列出相关问题的解决办法，因此该政策框架还不够完整，缺少具体施政措施。

加拿大自由党、保守党和新民主党在北极事务的一些具体议题上的立场和政策实施力度存在差异性，主要体现在气候变化方面。三个党派之中，新民主党的施政力度最强，提出的方案最激进，其次是自由党处于中间程度，最后是保守党持较为消极的态度。在新民主党于2011年突然超越保守党成为官方反对党之前，加拿大一直是自由党和保守党轮流执政。由于加拿大的多元意识形态以及地方主义盛行，那么如果自由党和保守党想成为执政党，就必须拥有包容的意识形态，且获得地方政党的支持。作为打破自由党和保守党垄断局面的新民主党，其在2011年的议席数很大一部分来源于魁北克省。新民主党较为激进的北极政策，内容非常全面，成为打破两党垄断的利器。由于自由党和保守党推行的政策立场较为相近，因此当第三党推行与前两党完全不同的对立政策时，第三党就很有可能赢得地方选票，从而成为“政坛黑马”。在强烈地方主义的影响下，保守党和自由党很难对加拿大政党体系形成垄断。但总体而言，除非第三党执政的情况出现，否则加拿大的北极战略在整体上是较为稳定的，不会出现较大的变动。

第二章　美国政党政治与北极战略

第一节　美国的政府系统

美国宪法将联邦政府分为立法、行政、司法三个部门，其目的在于确保任何个人或团体都不会拥有过多的权力。其中立法部门指国会，它由众议院和参议院组成，主要职能为制定法律；行政部门包括总统、副总统、内阁及其他联邦机构，主要职能为执行法律；司法部门包括最高法院和其他各类法院，主要职能为评估法律。美国政府奉行三权分立原则，立法、行政、司法相互监督和制衡。例如：总统有权决定国会制定的立法提案并提名联邦机构负责人；国会有权同意或拒绝总统的提名人选，并在特殊情况下可以罢免总统；如果最高法院大法官违宪，由总统提议、参议院确认就可将其罢免。

一、行政部门

美国政府的行政部门包括总统、副总统、内阁及其他联邦机构。

总统。总统是美国政府领导人和武装部队总司令，有权与其他国家政府进行谈判或签署条约，有权任命联邦法官、大使和内阁官员。总统任期四年，连选不得超过两次。在实际任职中，总统的权力已经扩大到包括起草立法、制定外交政策、进行个人外交和领导其所属政党等。

副总统。副总统和总统属于同一阵营，任期为四年。如果总统因突发情况无法任职，则由副总统接任总统。

内阁。内阁成员担任总统的顾问。内阁包括副总统、国务卿以及财政部、国防部、国土安全部、内政部、司法部、农业部、商务部、劳工部、卫生和公众服务部、住房和城市发展部、运输部、教育部、能源部和退伍军人事务部的部长等各类行政部门负责人。内阁成员由总统提名，必须由参议院的简单多数通过。事实上，一些非内阁级别的总统助理对美国总统的决策也产生很大影响，其中包括管理预算局、经济顾问委员会、国家安全委员会和白宫办公厅主任办公室，因此总统可酌情向此类机构的负责人授予内阁级别的职位。

美国行政部门的大部分工作是由总统行政办公室、各行政职能部门及其附属机构完成的。

总统行政办公室。总统行政办公室传达总统的信息并处理联邦预算、国家安全和其他高度优先事项，该机构包括以下单位：总统办公室、副总统办公室、经济顾问委员会、环境质量委员会、国家安全委员会、管理预算局、国家毒品控制政策处、科学和技术政策局、美国贸易代表办公室。

行政职能部门。行政职能部门主要包括：农业部、商务部、国防部、教育部、能源部、卫生和公众服务部、国土安全部、住房和城市发展部、司法部、劳工部、内政部、财政部、运输部、退伍军人事务部等。此外，还有包括联邦调查局等260多个附属机构来执行专业工作。①

其他机构。行政部门还包括独立的监管机构，如联邦储备系统和证券交易委员会。这些机构由总统任命并经参议院确认的委员会所管理（总统不得罢免委员会），它们通过遵守相关规则完善联邦法规内有争议性的内容来保护公众利益。行政部门还包括政府公司（例如田纳西河谷管理局、国家铁路客运公司和美国邮政服务），它们向消费者提供可由私营公司和独立执行机构提供的服务。此外，包括中央情报局、国家科学基金会和美国国家航空航天局、非洲发展经济会等在内的数十个独立机构负责处理政府运营、经济和监管等事务，这些独立机构不属于总统行政办公室。

二、立法部门

美国的立法部门包括国会及其立法分支机构。美国国会是联邦政府的核心立法部门，美国宪法授予国会征税、负责财政、管理州际贸易、弹劾总统和定罪、宣战以及确定议事规则等权力。美国两院制国会由众议院和参议院组成。众议院共有435个议席，席位数根据各州人口总数按不同比例分配给各州。此外，哥伦比亚特区还有无投票议员。众议员任期两年，每两年改选一次；分配给每个州的众议员人数取决于每十年一次的人口普查人数。众议员由各州单一成员选区的选民直接投票选出。众议院议长由多数党选出，负责主持辩论，任命选举委员会和会议委员会成员以履行其他重要职责；众议院议长是总统第二顺位继任者（仅次于

① 此外，美国国会或总统还会建立一些较小的委员会来管理特定的行政业务，其中包括历史保护顾问委员会、候鸟保护委员会等43个机构。

副总统）。众议员提出的法案由常设委员会接收，这些委员会可以修改、加快、延迟或否决立法提案。每个委员会由多数党成员担任主席，一般来说这些委员会成员是根据资历获得这一职位的，但是自 20 世纪 70 年代以来资历的重要性在该职位标准中有所下降。在所有的委员会中最重要的是规则委员会。规则委员会有权决定哪些法案将提交至众议院审议，以及在整个众议院辩论时是否允许对某项法案进行修改。

参议院共有 100 个议席，每个州有两名参议员名额。参议员任期为六年，每两年选举三分之一的参议员。副总统担任参议院议长，在他缺席的情况下，参议院由临时议长担任主席，临时议长由参议院选举产生，在总统继任顺序中排在第三位。参议院可无限期推迟对法案的投票。这种“推迟”，是指参议院五分之三的议员可以通过“讨论终结”的程序来结束和阻挠议事。除此之外，总统与其他国家政府签订的条约必须得到参议院三分之二的票数才能生效。同时，参议院还有权确认或拒绝总统任命的联邦法官、大使和内阁官员。

除了税收法案必须由众议院提出之外，任何一院可以提出和修改立法法案，但是法案及其修正案必须以相同的形式在两院中一起通过，并由总统签署，才能上升为法律。总统有权否决一项法案，但两院三分之二的票数也可以否决总统所提出的法案。众议院有权以多数票弹劾总统或其他公职人员；参议院对被弹劾的官员进行审判，但需要三分之二多数才能将官员定罪或免职。

国会议员通常来自于高收入职业。参议院被称为“百万富翁俱乐部”，而众议员所拥有的财富虽然通常少于参议员，但和普通民众相比，他们已非常富裕。参议院和众议院内的大多数议员都拥有大学及以上学历，其中绝大多数议员毕业于法学院和商学院。①

众议院和参议院的常设委员会完成国会的大部分工作。这些委员会分别负责一个或几个密切相关的政策领域，比如从事国会的大部分立法、拨款和调查工作。虽然这些委员会的数量因两院而异（众议院数量通常比参议院多出约五分之一），但每个议院的委员会确切数量会因议院多数党希望如何组织工作而异。众议院委员会主要负责拨款，制定规则、方法和手段，而参议院委员会的职责主要包括拨款、财政和对外关系。几乎所有的常设委员会都有小组委员会，小组委员会对整个委员会工作的具体方面行使管辖权。

三、司法部门

美国司法部门是由最高法院和地区法院组成的法院系统。最高法院负责解释美国宪法和联邦法律，在美国法院系统中处于最高级别。最高法院由九名大法官（包括一名首席大法官）组成，由总统提名，后经参议院任命，属于终身任职。如果涉及联邦问题，最高法院对下级联邦法院和州法院具有上诉管辖权。此外，它还对涉及外国大使、部长和领事的案件以及美国国家作为当事方的案件具有初审管辖权。

地区法院处于美国法院系统的基层。每个州至少有一个联邦地区法院和至少一名联邦法官。地区法官由总统提名，后经参议院任命，属于终身任职。地区法院的败诉方可以向最高法院提出

① Neil Schlager and Jayne Weisblatt, World Encyclopedia of Political Systems and Parties, New York: Facts on File, 2006, pp. 1147 - 1467.

上诉。最高法院设置多个特别法庭，以处理针对美国的财产和合同损害诉讼（美国联邦索赔法院），审查海关裁决（美国国际贸易法院），听取个人纳税人（美国税务法院）或退伍军人索赔上诉（美国武装部队上诉法院）等案件。

第二节　美国的政党政治与主要政党

一、政党制度

民主党和共和党是美国的主要政党。尽管美国的政党每四年参加一次总统选举并拥有全国性的政党组织，但在两次选举之间，它们往往只是国家和地方政党组织的松散联盟。自从共和党在1850 年崛起为主要政党后，美国政党政治的两党格局基本确定。在该格局下，小型政党在美国大选中的成功率极低。为了赢得全国大选，一个政党必须拥有广泛的选民基础。民主党和共和党都倾向于采取中间派政治纲领，有时在重大问题上，尤其是外交问题上，两党只有细微的分歧。自 1970 年以来，政党参加总统竞选（初选和预选会议、全国代表大会与大选）一直通过税收核对系统获得公共资金，纳税人可以指定其联邦税的一部分用于总统竞选基金。民主党和共和党的总统候选人在大选中可获得全额联邦资金，而参加总统选举的新政党如果获得至少 5% 的全国选票，则有权在选举后获得部分联邦资金。①

① D. J. Sagar, Political Parties of the World, 7th edition, London: John Harper Publishing, 2009, pp. 628 - 636.

民主党和共和党在其整个历史发展过程中都经历了重大的意识形态转变。民主党传统上支持劳工组织、少数民族群体和渐进式改革。它支持自由主义的政治哲学，支持政府加大对经济的干预和减少对公民私人生活的监管。它还普遍支持加大对富人的征税力度，以资助面向老年人、穷人、失业者和儿童的社会福利。相比之下，共和党则支持政府对经济的有限监管、减税和更保守的社会政策。

在地方政府一级，政党反映了人口结构的多样性。南部各州的民主党人通常比太平洋沿岸各州的民主党人更为保守。同样，与南部或西部山区各州的共和党人相比，美国中部各州的共和党人通常采取更自由的立场。大城市选民更有可能支持民主党，而农村、小城市和郊区更倾向于投票给共和党。

到 21 世纪初，政治家经常将美国划分为红色和蓝色的州，其指定的颜色不仅表明哪个政党在当地占主导地位，而且还体现了一系列社会和文化价值观在各州的普遍存在。其中，红州代表共和党，通常位于美国中部、南部，其政策主张包括敬畏上帝、反对堕胎、反对大政府和同性婚姻。蓝州则代表民主党，主要位于沿海、东北部和中西部，其政治主张包括“支持选择”（支持堕胎）、经济自由、支持大政府等。

正如联邦制意味着各州和联邦政府之间共享主权一样，联邦制在实践中也延伸到了民主党和共和党内，这两个政党都有独立的国家—州—地方党组织。美国的政党也许是招募和选拔候选人的最佳工具，但美国政治体系中的权力分散使得不同党派很难在所有政策问题上团结一致。

全国性政党每四年举行一次提名总统候选人的会议。民主党和共和党都通过初选选出各自的候选人。由于美国的选举更加以候选人为中心而不是以政党为中心，并且不易受到政党首脑的控制，所以富有的候选人往往能够绕过传统的政党组织来赢得其政党的总统候选人提名。

除了提名总统候选人之外，大会还有其他一些功能。比如在该大会中，政党会制定政党纲领。政党纲领是政党信仰和议题立场的宣言，对候选人没有约束力，但该党的纲领承诺能够使党内所有派别对被提名人施加一些影响。此外，一旦候选人当选总统，政党纲领的很大一部分便会纳入总统的行动计划之内。

美国总统竞选时间很长，在中期选举后不久（有时甚至更早）总统候选人就将开始非正式竞选。总统竞选活动一般采取游行、演讲、付费广告和媒体活动的形式，旨在通过象征性的信息来触及广泛的受众。例如电视新闻会详细地播报政党参观破产企业，用以表达对失业者或工业困境的关注。通常有更多片段被设计成电视新闻节目的摘录，因此观众在潜移默化之中成为某一政党或候选人的受众群体。虽然通过电视和报纸选民能够看到大量的总统竞选活动，但是候选人的观点有时并不清晰，也缺乏连贯性。在竞选过程中，候选人也经常为了获胜而回避表达其对具体议题的施政立场。

需要说明的是，超过四分之一的美国选民自称为独立选民，或是无党派选民，他们认为政党的存在没有任何意义。与其说这些选民对政党怀有敌意或消极态度，不如说他们属于中立主义选民。自 20 世纪 70 年代以来，独立候选人的数量有所增加，其中在 30 岁以下的人群中无党派人士的比例更高。从这里可以看出，在所有选民中，年轻选民的党派认同感始终处于最弱状态。独立选民倾向于投票给有吸引力的人物或是特定的政策，而不是某个候选人或一个政党的总体政策趋势。

二、主要政党

（一）民主党

民主党是美国主要政党之一，由美国第七任总统安德鲁·杰克逊于1792年建立，经过200多年的发展，民主党在争取美国工人权利、医疗保健、社会保障、女性权利等方面发挥着领导性作用，并下设青年组织——青年民主党。例如：1920年伍德罗·威尔逊修改美国宪法，赋予女性投票权；20世纪30年代，富兰克林·德拉诺·罗斯福实施"新政"，稳定就业市场和农产品价格，建立《社会保障法》，倡议向老年人提供援助；二战后，哈里·杜鲁门通过"马歇尔计划"帮助重建欧洲，并促成了北大西洋公约组织；1964年，林登·约翰逊签署法律，结束了美国国内对非裔美国人和女性的歧视与种族隔离；1976年，吉米·卡特推动巴勒斯坦和以色列达成和平协议；1992年，比尔·克林顿提出新科技政策，促进美国在十余年内的经济发展；2010年，奥巴马政府通过了《平价医疗法案》，扩大了医保覆盖范围。民主党的主流意识形态包括民主社会主义、女权主义、社会自由主义等。截至2020年，民主党党员人数为45715952人。

民主党的立场是：医疗保健是一项公民基本权利，文化多样性是美国发展的动力，经济发展应该惠泽每个人，政治透明度很重要。[1] 由此可见，民主党的执政思路主要包括两个方面：一是维护平民的医疗和教育权益，二是促进就业。医疗保健、经济、教育、枪支改革、同工同酬、投票权、国家安全、气候治理等都是

---

① Democrats, "Where We Stand", https://democrats.org/where-we-stand/, 2021-10-23.

民主党关注的重点议题。民主党每隔四年举办一次全国代表大会，并在大会上修订党纲。按照《2020 年美国民主党政策纲领》，民主党的政策立场主要包括以下几个方面。

第一，增强美国应对新型冠状病毒的措施。一是向所有人提供广泛、方便和免费的新型冠状病毒检测。增加对这方面的资金投入，有助于控制疫情扩散范围。二是维持和扩大医疗保险的覆盖范围。向各州提供直接的、更多的支持，让符合条件的成年人加入医疗补助计划，提高美国政府的社保报销比例，并为尚未扩大医疗补助计划的州提供激励措施。三是积极执行《美国残疾人法》和其他民权法中的非歧视保护措施，尤其是设计应急管理系统以及提供新设施和服务以应对大流行的特殊时期。

第二，建立更公平的经济竞争环境。一是提高劳动者的工资并提高工作质量和安全性，包括提高联邦最低工资标准，使其到 2026 年达到每小时 15 美元。二是通过《公共服务自由谈判法案》来保障美国超过 2000 万公共部门雇员的劳工权利，该法案将为公共部门雇员提供国家保障，以争取更好的工资和福利。三是根除就业系统中的歧视现象，加大对平等就业机会委员会的资助，增大其对侵犯公民权利、侵犯残疾人权利，特别是侵犯有色人种女性权利的行为进行直接调查的权力。四是实施带薪病假制度，以保护工人免受在生病时遭到不公平待遇。五是兴建基础设施。民主党通过对清洁能源、清洁交通和先进制造业进行历史性投资，发起清洁能源革命。民主党支持建立基础设施银行，利用一切资源建设具有国家或地区意义的基础设施项目，包括铁路和交通、清洁能源和水利基础设施、宽带和经济适用房等。民主党还加大对生物制造业投资，支持政府采购采用健全的“购买美国”和“购买清洁”标准，这将有助于增加对国产和低污染原材料的需求。

第三，应对气候危机，追求环境正义。一是民主党将重新加入《巴黎气候协定》，敦促政府投资清洁能源发电、清洁交通、先进制造业和可持续农业。为了尽快实现净零排放，民主党承诺到2035年通过清洁能源和节能技术来消除发电厂的碳污染，通过基于社区和公用事业的系统大幅开发农村地区的太阳能、风能和其他可再生能源。二是投资州际输电项目和先进的电网技术来建设现代化电网，为社区提供清洁电力，支持在美国农村和缺乏能源基础设施的地区建设电网。三是对保障性住房和公共住房进行节能改造，大幅增加节能住房数量。四是建设电动汽车和制定燃油汽车的碳排放标准。同时对校车、公务用车进行零排放改造。五是对未履行《巴黎气候协定》承诺的国家征收商品碳调整费，同时大力建造清洁能源基础设施，尤其是推动农业实现净零排放。六是禁止在公共土地和水域开采石油和天然气，修改特许权使用费。民主党将采取行动保护荒野和水域，计划到2030年，通过保护野生动物栖息地、公共造林等方式增加美国的自然碳汇。

第四，恢复美国的领导地位。一是围绕气候变化和技术革新等核心议题，建立职业外交官体系。二是重建以北约、G7集团为核心的盟友体系，鼓励盟友建立自主防御体系，以承担更多维护地区安全的责任，在非洲、拉丁美洲地区建立新的盟友关系。三是重新加入并改革世界卫生组织、联合国人权理事会，确保美国仍然是其主要的资助者和技术合作伙伴。四是进一步扩大外援的影响，重申美国对联合国可持续发展目标的承诺，成立美国国际开发金融公司，同时确保美国国际开发署在世界发展机构中的地位。①

---

① 仇朝兵：《特朗普政府的“印太战略”及其对中国地区安全环境的影响》，《美国研究》2019年第5期，第9—40页。

第五，重新部署海外军事力量。一是从阿富汗撤军，结束对沙特在也门战事中的军事支持。二是提升互联网、太空、人工智能、无人系统等军事科技研发速度，加强传统盟友体系。三是降低军费增长速度，重点提升国防工业基础的效率和竞争力，对国防部进行严格的年度审计。四是承诺加强《不扩散核武器条约》，维持暂停爆炸性核武器试验，推动批准《联合国武器贸易条约》和《全面禁止核试验条约》，并延长新裁武条约。

表 2－1　民主党在美国国会的历年议席数一览表（2000—2020 年）

年度	在众议院的议席数	在参议院的议席数
2000 年	212 / 435	50 / 100
2002 年	204 / 435	49/ 100
2004 年	202 / 435	45/ 100
2006 年	233 / 435	51/ 100
2008 年	257 / 435	59/ 100
2010 年	193 / 435	53/ 100
2012 年	201 / 435	55/ 100
2014 年	188 / 435	46/ 100
2016 年	194 / 435	48/ 100
2018 年	235 / 435	45/ 100
2020 年	222 / 435	48/ 100

笔者自制。

（二）共和党

共和党成立于 1854 年，是美国两大政党之一。2018 年，美国共和党党员人数为32854496人，支持共和党的选民主要包括高收入和高学历人群、商人、专业人士以及基督教福音派新教徒，共和党在少数族裔中的得票率整体上低于民主党。共和党下设四个组织：青年共和党和青少年共和党、共和党女性全国联合会和海外共和党。

共和党的资金主要来自利益集团和个人捐款，除了卡车司机工会之外，共和党几乎得不到劳工的支持。然而，共和党的资金比民主党充足，且两者差距很大，其原因在于支持共和党的利益集团比民主党更多，财力更强大。这些利益集团通过对政党政治进程施加压力来追求共同利益。由于利益集团被紧密组织起来追求特定的目标，因此它们填补了美国政党缺乏组织性、意识形态不一致、无法表达具体的利益和立场的短板。与政党不同，利益集团不会竞争公职，而是通过为政党提供资金来试图影响选举结果。美国的利益集团包括以下几类：（1）商业利益集团。包括商会、全国制造商协会和全国小企业协会等组织，在降低商业税、减少政府监管、削弱工会和减少联邦支出等重大问题上立场极为一致。（2）行业协会。其中包括美国医学协会、美国律师协会、美国劳工联合会—工业组织大会等，这些行业协会能对相关专业议题产生较强的影响力。（3）农业利益集团。美国农场局联盟是最大的农场主利益集团，通常支持降低税收（特别是反对遗产税）、自由贸易和减少政府对农业的监管，并游说美国政府增加美国农产品进入外国市场的机会。需要指出的是，与商业团体不同，美国的农业团体在目标上存在较大分歧，因此它们不太可能做到联合游说政府。

从历史上看，共和党人一直分为温和派和保守派，前者认同制订一些社会发展计划的必要性，后者则赞成削减或废除这些计划。共和党的主流意识形态包括经济自由主义、财政保守主义、社会保守主义、右翼民粹主义等。因此，共和党的政治立场包括以下几个方面。

第一，经济政策。共和党奉行自由主义，坚持财政保守主义，通常不接受政府对经济的干预，主张“小政府”，以通过增发政府债券的方式来履行政府责任。很多共和党人认为富人创造了就业机会和财富，推动了经济发展，因此认为向富人征税是一种不公平行为。此外，共和党认为救济低收入人群的主体不应该是政府援助机构，而应是私人慈善组织。共和党认为是企业主，而不是工会，应该作为制定工人福利和工资的主体，共和党人普遍不支持有组织的劳工，因此主张限制工会的权力。大部分共和党人反对提高最低工资标准，认为这会造成企业减少外包就业岗位，从而将增加的成本转嫁给消费者。对于公共医疗体系，共和党反对建立单一支付医疗保健系统，坚持将医疗保险制度作为美国医疗补助体系的核心。

第二，环境政策。共和党反对控制碳排放总量。2007 年，乔治·布什反对批准《京都议定书》，试图以减少温室气体排放量的方式，来应对气候议题的政治化。页岩气开发也成为共和党实施替代能源战略的重要路径，但特朗普政府更支持在阿拉斯加北极国家野生动物保护区开采石油，这表明共和党青睐于传统化石能源产业，因此反对以碳减排为主的环保法规。例如 2017 年，特朗普政府曾宣布退出《巴黎气候协定》。

第三，社会政策。一是共和党坚持严格的移民政策，严厉打击非法移民。特朗普政府在美墨边境修建的隔离墙成为美国阻止美洲非法移民的无奈之举。二是共和党一直坚决反对寻求美国社会变革的运动，比如共和党普遍不支持女权运动。大多数共和党人奉行相对保守的社会理念，一方面主张减少福利补助，另一方面反对政府为了消除种族和性别歧视而设置的职位配额制度。共和党主张禁止堕胎和同性婚姻，支持死刑、反对枪支管制、支持传统家庭观念。因此，保守的基督教团体和右翼宗教领袖也在共和党中找到了一席之地。

第四，外交政策。共和党内部存在“鹰派”和“鸽派”。但通常而言，当感知到美国利益受到威胁时，共和党倾向于支持更多的军事预算和更大的单边行动。例如，在反恐战争中，共和党政府实施新保守主义政策，包括2001年入侵阿富汗、2003年入侵伊拉克。同时，共和党支持联合国改革。

第三节　美国北极战略决策的政党因素

一、主要政党关于北极事务的立场差异

维护美国的国家利益是民主党和共和党共同的首要目标，因此两者在“维护美国在北极地区的国家利益”这一立场上态度一致，其中包括增强美国在北极的军事力量、促进北极国际合作、加强阿拉斯加州的基础设施建设、关注北极地区安全问题。但是两党基于不同价值观念引导，代表着美国国内不同利益群体，因此两者之间存在着一定的立场差异。虽然从两党的官方网站中未查找到具体涉及北极事务的政策，但是两党在各自的执政过程中均有涉及对北极事务相关议题的讨论与政策制定，如涉及北极原

住民、北极能源开发以及北极基础设施建设问题等。①

共和党关于北极事务的主要观点体现在以下几个方面。第一，共和党以经济发展为导向，重视化石能源，大力支持对北极地区进行石油和天然气等能源的勘探与开发。2017 年 4 月，特朗普签署了《美国优先近海能源战略》，表明将北极地区的油气勘探和开采权限重新开放。随后参议院通过了一项决议，即石油租赁活动可在北极国家野生动物保护区内进行。2018 年，特朗普政府批准了阿拉斯加希尔克普公司在波弗特海开展“利伯蒂油气开采项目”。通过特朗普政府这一系列的政策可以看出：共和党将北极地区视为美国经济发展的助推器，以此来实现美国的能源独立，因此采取“北极经济发展是优先事项”的政治立场。第二，共和党对气候变化议题持否定态度，并反对以碳减排为主的环保政策。2007 年，乔治·布什政府反对批准《京都议定书》，试图以减少温室气体排放量的方式，来应对气候议题的政治化；2017 年，特朗普政府宣布美国退出《巴黎气候协定》。由此可见，北极地区环保问题从未纳入共和党所制定的北极战略框架之中。在共和党看来，气候变化和环境保护议题不是执政重点。第三，由于大多数共和党人奉行相对保守的社会理念，在北极经济政治社会环境都存在不确定性和不稳定性的前提下，共和党关于北极事务的立场也较为保守。虽然特朗普政府声称美国将会进一步加强在阿拉斯

① 北极的定义有很多，美国政府采用的官方定义在 1984 年《北极研究和政策法案》（ARPA）第 112 节中描述为：北极圈以北的所有美国和外国领土以及由豪猪河、育空河和库斯科温河形成的边界以北和以西的所有美国领土；所有毗连的海洋，包括北冰洋和博福特海、白令海和楚科奇海；阿留申群岛链。

加州的基础设施建设，比如拨款 3.8 亿美元用于开展码头扩建①，但是特朗普政府投放至北极基础设施建设的预算与奥巴马政府相比并未大幅增长。

民主党关于北极事务的主要观点可概括为以下几个方面。第一，关注气候变化问题，支持北极地区的可持续发展。奥巴马执政时期，签署《巴黎气候协定》并积极推动其实施。同样，拜登上任后立即宣布美国重返《巴黎气候协定》。2021 年 4 月 22 日，拜登政府邀请各国领导人参加领导人气候峰会，在峰会中拜登宣布到 2030 年排放量将比 2005 年减少 50% 至 52% 。除了碳减排问题之外，拜登政府还将促进对清洁能源的转化，为贫穷国家解决气候变化问题提供资金支持等。② 2021 年 5 月 11 日，拜登在第三届北极科学部长级会议上强调，目前美国迫切需要应对气候变化，强调致力于应对气候变化的重要性；③ 5 月 19 日，白宫网站发布新闻称目前气候变化比以往任何时候都更对美国和全球社会构成迫在眉睫的威胁，因此拜登政府宣布邀请库珀伯格博士领导美国全球变化研究项目。值得注意的是，库珀伯格博士曾担任跨机构北极研究政策委员会的临时执行主任，因此在北极环境保护方面

① U. S. Congress, "National Defense Authorization Act for Fiscal Year 2020", https://www.congress.gov/bill/116th-congress/house-bill/2500.

② The White House, "FACT SHEET: President Biden's Leaders Summit on Climate", https://www.whitehouse.gov/briefing-room/statements-releases/2021/04/23/fact-sheet-president-bidens-leaders-summit-on-climate/, 2021-08-22.

③ The White House, "Biden Administration Underscores Commitment to Combatting Climate Change, Strengthening Global Partnerships at Third Arctic Science Ministerial", https://www.whitehouse.gov/ostp/news-updates/2021/05/11/biden-administration-underscores-commitment-to-combatting-climate-change-strengthening-global-partnerships-at-third-arctic-science-ministerial/, 2021-08-22.

的工作经验非常丰富。① 2021 年 6 月，在美国—欧盟首脑会议声明中，拜登政府表示美国将会通过北极理事会在气候变化、环境保护和可持续经济发展方面与其他国家进行合作。② 2021 财年，拜登政府在应对气候危机方面的预算比上一年增加 140 多亿美元。③ 由此可见，气候变化问题已被拜登政府纳入美国重要事务之中，且详细的政策实施、计划安排以及资金投放也反映出拜登政府在解决气候变化问题上的雄心。

第二，密切关注北极阿拉斯加州原住民的权益。民主党自奥巴马政府以来一直非常关注阿拉斯加州原住民的权益保护问题。2013 年 5 月奥巴马政府颁布《北极地区国家战略》，在该文件中，奥巴马政府多次提及保护北极原住民的权益问题。2021 年 5 月，在第三届北极科学部长级会议上拜登又多次提及北极地区的原住民，表明美国要加强与原住民社区的伙伴关系；在解决全球气候变暖问题时将当地原住民的知识纳入有效应对气候变化的措施之中，听取他们的意见；促进北极地区原住民社区的教育和网络建设，以确保未来的可持续发展；强调美国促进土著人民和所有社

① The White House, "The Biden Administration Announces Return of Dr. Mike Kuperberg to Lead the U. S. Global Change Research Program", https://www.whitehouse.gov/ostp/news-updates/2021/05/19/the-biden-administration-announces-return-of-dr-mike-kuperberg-to-lead-the-u-s-global-change-research-program/, 2021-08-22.

② The White House, "U. S. -EU Summit Statement", https://www.whitehouse.gov/briefing-room/statements-releases/2021/06/15/u-s-eu-summit-statement/, 2021-08-22.

③ The White House, "FACT SHEET: President Biden's Leaders Summit on Climate", https://www.whitehouse.gov/briefing-room/statements-releases/2021/04/23/fact-sheet-president-bidens-leaders-summit-on-climate/, 2021-08-22.

区之间种族平等的决心。① 7 月，副总统卡马拉·哈里斯与阿拉斯加原住民就投票权问题进行讨论，并鼓励原住民积极参与投票选举。② 8 月，拜登政府宣布颁布《两党基础设施和就业投资法案》，在该法案中，政府将为包括阿拉斯加州原住民社区在内的少数族裔提供经济和公共卫生援助，包括关于阿拉斯加州基础设施投资和增加就业机会的详细施政计划。③

第三，支持绿色经济发展，提供大量绿色岗位满足美国就业需求。在 2021 年 4 月举办的领导人气候峰会上，拜登政府提出了以清洁能源促经济发展，开发、制造和出口绿色经济产品，以增加美国的就业机会，吸引大量的专业型人才，最终在全球推广碳减排技术标准。从拜登政府出台的一系列刺激经济的措施可以看出，民主党提出的绿色经济发展计划，不仅为美国学术界、商界

---

① The White House, "Biden Administration Underscores Commitment to Combatting Climate Change, Strengthening Global Partnerships at Third Arctic Science Ministerial", https://www.whitehouse.gov/ostp/news-updates/2021/05/11/biden-administration-underscores-commitment-to-combatting-climate-change-strengthening-global-partnerships-at-third-arctic-science-ministerial/, 2021-08-22.

② The White House, "President Kamala Harris's Meeting with Tribal Leaders and Leaders from American Indian and Alaska Native Communities about Voting Rights", https://www.whitehouse.gov/briefing-room/statements-releases/2021/07/27/statement-from-senior-advisor-and-chief-spokesperson-symone-sanders-on-vice-president-kamala-harriss-meeting-with-tribal-leaders-and-leaders-from-american-indian-and-alaska-native-communities/, 2021-08-22.

③ The White House, "FACT SHEET: Bipartisan Infrastructure Investment and Jobs Act: Advancing Economic and Public Health Opportunities for Communities of Color", https://www.whitehouse.gov/briefing-room/statements-releases/2021/08/03/fact-sheet-bipartisan-infrastructure-investment-and-jobs-act-advancing-economic-and-public-health-opportunities-for-communities-of-color/, 2021-08-22.

和实验室的专家提供高薪岗位，还带来了大量的就业机会。

二、北极政策

《2019—2020 年北极研究目标报告——美国北极研究计划》是由美国北极研究委员会所撰写。美国北极研究委员会是根据 1984 年《北极研究和政策法案》所成立的独立联邦机构，也是由美国总统直接任命的咨询机构。其主要任务是向美国国会和总统提交美国国家北极研究政策报告。

《2019—2020 年北极研究目标报告——美国北极研究计划》分析了目前北极地区的自然生态环境、经济发展环境、社会人文环境所面临的各种问题与困境，提出了美国 2019—2020 年在北极地区的主要目标与计划，阐述了美国要从五大领域着手开展北极地区活动。该报告体现了美国在北极地区开展活动是以维护和加强美国的国家利益为首要目标，以最小的代价获得最大的利益，从中可以看出特朗普政府对北极事务的基本立场。该报告的主体由以下五部分构成。

一是加强北极地区的基础设施建设。在基础设施建设中包括为美国海岸警卫队建造破冰船提供资金，用以加强对北极地区的研究与开发。加强通信基础设施，有双重用途：通信与收集海洋观测资料。加强油气运输基础设施以适应不断变化的北极环境。随着北极环境的不断变化，建造可适应北极气候变化的应用系统可以更精确地记录和预测数据。加强船舶运输等海洋运输基础设施建设，为日后的大规模、多样化船舶运输做好准备。加强阿拉斯加州的道路建设，有助于为日后运送自然资源节省时间与成本。

二是开发北极自然资源，开发阿拉斯加州北部的石油和天然气。在白令海和白令海峡北部评估鱼类种群与经济总量。支持利用无人驾驶飞机对海洋和陆地哺乳动物进行调查，以防入侵物种和正在扩大其范围的物种。要求美国地质勘探局进行详细的地质测绘，以便更好地了解矿物的分布和资源潜力，并为矿物资源分析开发新的数据库。在对阿拉斯加州开发时，鼓励实施“十年北极可再生能源计划”，以保护北极地区资源的可持续发展。

三是积极应对北极的暖化。通过了解北极湿地二氧化碳和甲烷的产生和通量来改善气候预测。与当地原住民共同管理和改善当地物种变化。收集自然气候、物种等数据，形成一个观测网络系统以更好地应对气候变暖带来的影响。

四是改善北极原住民的健康和福祉。尊重原住民的文化和传统，保护当地原住民的语言。向偏远地区提供精神卫生保健或进行远程医疗。在阿拉斯加地区建立清洁饮用水基础设施。

五是加强北极国际科学合作。执行《预防中北冰洋不管制公洋渔业协定》，合作建立一个持久的海洋科学组织。实施《关于加强北极国际科学合作的协议》，加强与俄罗斯和加拿大边境沿线的双边研究合作，积极参与北冰洋中部联合科学研究计划、北极科学部长级会议、贝尔蒙特论坛。

总体而言，该报告涉及美国国家安全方面的内容较少，其所提出的主要目标皆属于非传统安全领域内的北极事务，没有提到美国在北极地区增强军事防务力量等传统安全领域的问题。但是从这篇报告中依然能够看到美国谋求在北极地区的领导地位，如报告中称，“保持美国在研究和技术方面的领先地位”，通过“在研究、技术、发明和创新方面的领先地位”来“促进美国的繁荣”。这些都体现出了“美国优先”原则以及美国寻求世界霸主的地位。除此之外，该报告的另一大特征便是对北极能源开发的重视。保持美国在研究和技术方面的领先地位是美国优先开发北极能源的前提与基础，这也与特朗普政府所追求的美国“能源独立”相一致。该报告虽然提及了原住民的社区健康和福祉以及全球气候变暖问题，但是它类似于一个北极目标大框架，没有制订详细的计划和措施，而且所关注的议题领域不够全面。如在讨论原住民社区健康福祉方面，只提到了原住民的身心健康、语言文化等，诸如住房、交通、基本生活物资、如何改善原住民生活状况等均未提及。

需要指出的是，在特朗普执政时期，美国北极研究委员会曾发布两份美国北极研究报告。其中2017—2018年北极研究报告的内容主要包括观察、了解和预测北极环境变化，改善北极地区人类健康，改变北极能源，推进北极“人造环境”建设，探索北极文化和社区适应力以及加强北极国际科学合作。① 可见，2017—2018年与2019—2020年的北极研究报告的内容和结构非常相似，除了提出大目标之外并没有向下细分小主题或者具体措施。但是在民主党总统奥巴马执政时期的2015—2016年北极研究报告中所提出的六大目标虽然内容相同，但在每一目标之下均有2个至3个小标题内容，其中小标题数最多的首先是北极环境变化，共有6个小标题，其次是北极人民健康，共有5个小标题，最少的是北极自然资源开发和国际科学合作，均只有1个小标题。由此可见，民主党对北极的气候变化以及原住民的关注度更高，研究内容更细致。相比之下，共和党则略显敷衍。

综上所述，美国民主党和共和党对北极事务的一些具体议题存在立场上的对立，主要体现在气候变化和原住民社区福祉等方

① 高峰、王辉、王凡、冯志纲、陈春：《国际海洋科学技术未来战略部署》，《世界科技研究与发展》2018年第2期，第113—125页。

面。在气候变化议题上，民主党长期致力于关注气候变化问题，加入《京都议定书》和《巴黎气候协定》，并出台了一系列关于碳排放、清洁能源等法案；反观共和党，乔治·布什政府反对批准《京都议定书》、特朗普政府退出《巴黎气候协定》，这种政治极化使美国的北极气候变化决策呈现出一种不稳定的态势。在原住民社区健康与福祉方面，由于民主党主张“大政府”，支持政府干预经济，因此出台了较多关于教育、医疗、失业、救济等社会福利政策来保护弱势群体和少数族群。相反，共和党主张“小政府”，支持自由市场经济制度，其关注对象通常是社会的上层群体，推行有利于富人的减税政策。美国在其北极研究报告中也多次提及国际合作的重要性，但是美国在北极气候变化和社区福祉方面的不稳定性又阻碍了国际合作的进程。美国作为北极大国，无论从资金、技术、人员还是领导力方面都对北极科学研究具有较大的影响力。因此目前在两党分歧严重的北极议题上，美国北极政策还存在较强的变动性。

第三章 俄罗斯政党政治与北极战略

安全与发展是影响俄罗斯北极战略定位的两大内驱力。本章旨在研究在俄罗斯重构其北极战略的过程中，这两大内驱力将会形成何种优先次序。俄罗斯北极战略将以北极航道开发为主轴，以俄欧、俄亚北极能源合作为两翼。俄罗斯北极战略的构建，将在继承防御性北极安全理念的前提下，致力于维护北极秩序、发展地区经济、推动国际合作。俄罗斯北极战略的实施成效，不仅取决于俄罗斯北极地区经济是否可持续发展，同时也受制于北极地缘安全环境。本章力求探析俄罗斯政党政治与北极战略决策的内在逻辑，以研判俄罗斯在北极军事实力与经济愿景之间的定位趋势。

第一节 俄罗斯的政府系统

俄罗斯拥有绵延 2.414 万公里的海岸线，从西部与挪威接壤的巴伦支海一直延伸到远东的白令海和鄂霍次克海。俄罗斯北部的海岸线占北冰洋海岸线的 53%，覆盖巴伦支海、喀拉海、拉普捷夫海和东西伯利亚海。俄罗斯北极水域有许多群岛，包括喀拉海的新地岛、拉普捷夫海的塞文地岛和东西伯利亚海的新西伯利亚群岛，俄罗斯鲁道夫岛上的弗利格利角距北极点仅 911 公里。俄罗斯的北极领土由三大水系主导，西部的叶尼塞河汇入喀拉海，勒拿河汇入拉普捷夫海，科雷马河汇入东西伯利亚海。虽然这些河流在冬季会全线冻结，但仍然是俄罗斯北部地区重要的内河航运路线，并由一支专业的浅水破冰船队往返于这些河流的沿岸城市，以运送各类物资。2019 年俄罗斯人口为 1.44 亿，2020 年 GDP 为 1.63 万亿美元。

一、行政机构

根据 1993 年俄罗斯宪法，俄罗斯最高行政权力属于俄罗斯联邦总统。总统既是国家元首，也是政治“监督者”，为国家制定总体路线，发布总统令，并在行政和立法部门之间充当最终仲裁者。这样，总统虽是行政机构的一部分，但也高于行政机构，因为总统需对俄罗斯政治体系的稳定负责，而不仅仅对行政机关负责。例如总统有权解散杜马和任免政府各部部长。

总理是俄罗斯的政府首脑，其正式名称是“俄罗斯联邦政府主席”。此外，俄罗斯政府由总理、副总理、各部部长组成，均由总统任命，需国家杜马批准。俄罗斯每届政府任期六年，可连任一次。

根据俄罗斯宪法，中央政府保留国防、外交等重要权力，但地方政府也被授予一系列权力，包括城市资产管理、治安、征收地方税等。2000—2019 年，俄罗斯中央政府设立了联邦管理区：中央联邦管理区，行政中心在莫斯科；西北联邦管理区，行政中心在圣彼得堡；伏尔加联邦管理区，行政中心在下诺夫哥罗德；

南部联邦管理区，行政中心在罗斯托夫；北高加索联邦管理区，行政中心在皮亚季戈尔斯克；乌拉尔联邦管理区，行政中心在叶卡捷琳堡；西伯利亚联邦管理区，行政中心在新西伯利亚；远东联邦管理区，行政中心在符拉迪沃斯托克（海参崴）。每个联邦管理区都有总统特使，这些总统特使有权执行联邦法律，并协调总统和各个联邦管理区领导人之间的沟通。从法律上讲，常驻各联邦管理区的总统特使有权传达总统的行政指导，但在实践中，该行政指导更像是一种指令，因为总统能够利用特使来强制执行总统对地方政府的权力。

二、立法机构

俄罗斯议会又称为俄罗斯联邦议会，实行两院制，联邦委员会是上议院，共 170 个议席，议员由最高行政和立法机关负责人任命，任期四年。俄罗斯联邦委员会由每个联邦主体（地区）的两名代表组成——一名来自立法部门（地区议会）的代表和一名来自行政部门（地区政府）的代表。联邦委员会的成员被称为参议员，其中有 30 名参议员由总统任命。联邦委员会是一个常设机构，与国家杜马不同，它不能被总统解散，每月举行两次会议。

国家杜马是下议院，共 450 个议席，议员通过直接选举产生，任期五年。国家杜马于 1993 年 12 月 12 日首次选举产生，同日通过了俄罗斯联邦宪法。与联邦委员会不同，国家杜马的代表来自于不同的政党。国家杜马的职能包括以下几个方面：批准或否决立法草案、任命总理、听取政府年度工作报告、宣布大赦，以及对政府提出指控。若发起对总统的弹劾，则需要得到三分之二国家杜马议员的同意。

联邦议会两院权责不同，国家杜马的权力更大。联邦委员会主要处理与司法管辖区有关的问题。作为上议院，它还负责根据总统的建议任命和罢免总检察长以及宪法法院、最高法院和高级仲裁法院的法官。如果国家杜马建议罢免总统，联邦委员会也有最终决定权。然而，在大多数立法事项的审议和处理中，联邦委员会的权力低于国家杜马。所有法案，即使是联邦委员会提出的法案，也必须首先由国家杜马审议。如果联邦委员会否决了国家杜马通过的法案，两院可组成调解委员会，以制定折衷法案，国家杜马随后对折衷法案进行投票。如果国家杜马在调解过程中反对上议院的提案，它可以以三分之二多数票将自己的版本送交总统签署。联邦委员会的工作存在兼职性质，其组织结构不够完整。

国家杜马迫使政府辞职的权力受到限制。它可以国家杜马所有成员的多数票对政府表示不信任，但允许总统无视这一投票结果。如果国家杜马在三个月内重复不信任投票，按照宪法规定，总统可以解散国家杜马而不是政府，这实际上排除了国家杜马进行第二次不信任投票的可能性。国家杜马确认或拒绝总理人选的权力受到严格限制，根据俄罗斯1993年宪法，国家杜马必须在总统提名总理候选人后一周内决定确认或拒绝候选人。如果连续拒绝三名候选人，总统则有权任命总理、解散国家杜马并安排新的立法选举。此外，国家杜马有权任命总理，但无权任命政府的各部部长。①

通常而言，俄罗斯立法程序如下：法律草案可以由国家杜马或联邦委员会提出，也可以由总统、政府、地方立法机构、最高法院、宪法法院或高级仲裁法院提交。国家杜马首先审议法律草

① D. J. Sagar, Political Parties of the World, 7th edition, London: John Harper Publishing, 2009, pp. 484 - 490.

案；在获得国家杜马全体成员的多数通过后，联邦委员会将审议该法律草案，联邦委员会有14天的时间将该法律草案列入其会议日程。

三、司法机构

司法部负责管理俄罗斯的司法系统。该部的职责包括设立法院，任命联邦地区及其下属地方法院的法官，该部还收集法医统计数据并开展适用于预防犯罪的社会学研究和教育计划。俄罗斯最高法院包括俄罗斯联邦最高法院和宪法法院。俄罗斯联邦最高法院由170名成员组成，分为民政审判庭、刑事审判庭和军事庭。① 俄罗斯1993年宪法授权宪法法院仲裁行政和立法部门之间、中央政府与地方政府之间的争端。宪法法院还被授权对侵犯宪法权利的行为做出裁决，审查来自各个机构的上诉，并参与对总统的弹劾程序。宪法法院由19名法官组成，其中主席1名、副主席1名。俄罗斯最高法院的法官终身任职，法官由总统提名后经联邦委员会任命。总统有权任命俄罗斯各省、自治区、共和国法院的法官；司法部长负责任命地区和市法院的法官。

第二节　俄罗斯的政党政治与主要政党

俄罗斯实行多党制，截至2020年9月，在俄罗斯司法部注册

① 2014年2月，俄罗斯高等仲裁法院被撤销，其原职权移交给最高法院。

的政党有64个，但仅有6个政党在俄罗斯立法机构拥有议席，其中统一俄罗斯党占主导地位。在俄罗斯政治中，“执政党”特指一个专门政党，它在议会中会无条件地支持现任总统或总理。冷战结束后，被称为“执政党”的政党包括：民主俄罗斯党（1990—1993年）、选择俄罗斯党（1993—1995年）、“我们的家—俄罗斯”党（1995—1999年）、“团结”党（1999—2003年）、公正俄罗斯党（2006—2008年）、统一俄罗斯党（2008年至今）。

一、统一俄罗斯党

统一俄罗斯党成立于2001年12月1日，由“统一”党和“祖国—全俄罗斯”运动合并而成，现为俄罗斯的执政党，也是俄罗斯的最大政党。自2007年以来，统一俄罗斯党一直占俄罗斯议会的多数席位。2021年，统一俄罗斯党在国家杜马450个议席中拥有336个席位，领导着国家杜马下属的5个委员会。由于联邦委员会拒绝政党影响立法决策过程，因此虽然统一俄罗斯党在联邦委员会170个议席中占有142个议席，但该党在联邦委员会中没有直接影响力。

统一俄罗斯党的主要目标是确保俄罗斯总统在俄罗斯议会中的权力。俄罗斯的绝大多数公职人员都是该党成员，因此有时将其描述为“公职党”或“行政党”。统一俄罗斯党是俄罗斯最受欢迎的政党，领先于排名第二的俄罗斯联邦共产党。该党的政治理念包括：国家主义、俄罗斯民族主义、俄罗斯保守主义。统一俄罗斯党有下属的青年组织——统一俄罗斯青年卫队。①

---

① Neil Schlager and Jayne Weisblatt, World Encyclopedia of Political Systems and Parties, New York: Facts on File, 2006, pp. 1127 - 1141.

根据统一俄罗斯党于 2003 年发表的政治宣言《国家成功之路》，该党旨在团结负责任的政治力量，最大限度地缩小贫富，青年人和老年人，国家、企业和社会之间的差异。该党认为，经济发展应该实行国家监管与市场自由相结合，让弱势群体享受经济发展的红利。统一俄罗斯党拒绝左翼和右翼意识形态，支持可以团结社会各阶层的“政治中心主义”。此外，统一俄罗斯党的党纲强调实用主义，反对激进主义，因此被认为是“实事求是的党”。该党的选民大多来自政府雇员、退休人员和军人。此外，统一俄罗斯党超过一半的支持者为女性。

统一俄罗斯党在俄罗斯社会、文化和政治事务上推行保守政策。该党强调俄罗斯民族主义和俄罗斯民族的历史复兴，反对西方自由主义思想，反对西方国家对国家历史的抹黑和丑化。在文化和社会事务方面，统一俄罗斯党与俄罗斯东正教会密切合作。

统一俄罗斯党的党章明确了该党的基本价值观，包括三个方面：一是维护民众福祉，确保民众拥有社会保障、体面的工资与创业机会、便利的基础设施和舒适的生态环境。二是维护国家统一和主权完整，维护俄罗斯人民共同的历史，以及民族间和宗教间数百年和谐的经验，维护国家的政治、法律、文化统一，不容忍企图修改和歪曲俄罗斯历史的行为，反对任何外部势力干涉国家安全。三是从提高人民生活质量，推动教育和科学、经济和基础设施现代化、巩固国防和安全等方面，领导俄罗斯的发展。① 统一俄罗斯党在第七届俄罗斯国家杜马中的选举纲领表明：维护俄罗斯的国家统一和独立、将俄罗斯建设成世界大国，是统一俄罗

① Единая Россия, “Устав Партии《Единая Россия》”, https://er.ru/party/rule, 2021－11－01.

斯党的使命。①

二、俄罗斯联邦共产党

俄罗斯联邦共产党成立于1993年2月14日，是俄罗斯第二大政党，也是俄罗斯政坛公认的反对党。俄罗斯联邦共产党是“共产党和工人党国际会议”的缔约方。

俄罗斯联邦共产党是建立在民主集中制基础上的共产党，党内对相关政策问题进行民主和公开的讨论，并要求团结一致地实施已确定的政策。俄罗斯联邦共产党最高机构是党代表大会，每三到四年召开一次。党代表大会闭会期间，中央委员会是最高行政机关。

俄罗斯联邦共产党的既定目标是在俄罗斯建立一种新的、现代化的社会主义形式，近期目标包括实现自然资源的国有化，在农业和工业框架内实现公私合营，推动私营中小型企业的增长。俄罗斯联邦共产党在莫斯科等俄罗斯大城市和主要工业、科技中心的影响力较大，在俄罗斯远东地区、西伯利亚、乌拉尔地区的民众支持度较高。

根据俄罗斯联邦共产党2008年版的党章，俄罗斯联邦共产党以马列主义为指导，以国内外科学社会主义的经验和成果为基础，反对资产阶级自由民主观。俄罗斯联邦共产党指出，需从三个阶段对国家进行改革。在第一阶段，由俄罗斯联邦共产党掌握国家权力以维护工人阶级和小生产者的利益，计划通过设立各级理事会来改革企业管理，最终将俄罗斯转变为苏维埃共和国。在第二阶段，进一步加强理事会和工会的作用，向社会主义经济过渡，

① Единая Россия, “Программа Партии《Единая Россия》”, https://er.ru/party/program, 2021－11－01.

但仍保留少量私营经济。在第三阶段，则是建设社会主义。

俄罗斯联邦共产党近年来的政策主张有：恢复公共福利，为青年提供公租房和学前教育机构；实现俄罗斯自然资源和经济战略部门的国有化，并将这些部门的收益用于公共福利开支；收回外国银行中的俄罗斯财政储备，用于发展经济；打破选举欺诈制度，建立真正独立的司法系统；消除贫困，由国家对民生商品实施价格管制；反对延迟退休；增加对科学家的资助，大力发展新型工业化；恢复全面免费教育；保障粮食安全和环境安全；提供低廉的医疗保健设施；反贪污，建立廉洁政府；实行累进税制度，低收入人群免于纳税；反对歪曲诽谤国家历史；加强国防建设，扩大对军人和执法人员的社会保障；维护俄罗斯领土完整和海外民众安全；制定相互尊重的外交政策。

总体而言，俄罗斯联邦共产党基于自身发展利益和俄罗斯国家发展现状，大力拓展民众基础和阶级基础，将自身转型的理论创新融入俄罗斯政党政治的发展主流，展现出聚焦国家热点问题、完善俄罗斯政党政治制度、净化俄罗斯政治生态环境的生存定位。①

第三节　俄罗斯北极战略决策的政党因素②

北极航道的商业化通航，不仅推动全球经贸和物流网的整体

① 许鹏、陈弘：《交流与交锋：俄罗斯联邦共产党的斗争实践与生存定位》，《社会主义研究》2021 年第 3 期，第 130—139 页。

② 本节部分内容笔者发表在《和平与发展》2018 年第 6 期，第 107—119 页。

北移，而且使北极地缘政治经济格局发生新的变化。2020 年 10 月 26 日，俄罗斯总统普京签署了《2035 年前俄罗斯联邦北极地区发展和国家安全保障战略》，这份政府文件既反映出俄罗斯政府高度重视北极持续变暖给俄罗斯带来的机遇与挑战，又坚定了俄罗斯借助北极开发来换取经济振兴的决心。从长远来看，普京领导下的统一俄罗斯党已经将北方海航道视为全球航运新通道，在全力推进北极开发的同时，日益认识到不结冰的北极可能会给俄罗斯带来新的领土安全漏洞，这也是统一俄罗斯党坚定发展北极部队、增强俄罗斯在北极地区军事实力的内在原因。此外，在气候政治的语境下，统一俄罗斯党必须坚持环保优先的北极开发原则。

一、北极战略决策的驱动因素

战略决策是各种驱动力整合的结果。驱动力是指："能够对诸多领域的改变产生影响的变化过程。"① 这个定义表明驱动力的核心特征是变化，并且是能产生更多变化的变化。这意味着即使一种驱动力只有一种变化，俄罗斯北极决策也会加速进入某种特定轨道。每一种驱动力都代表了不同因素之间复杂的相互作用力，这就需要回答如下问题：影响俄罗斯北极决策的驱动力将会形成何种次序安排？如何评估每一种驱动力对俄罗斯北极政策的影响效果？因此，这里的研究重点聚焦在北极航运与油气资源开发这

① Vladimir Glinskiy, Lyudmila Serga, Kirill Zaykov, "Identification Method of the Russian Federation Arctic Zone Regions Statistical Aggregate as the Object of Strategy Development and a Source of Sustainable Growth", Procedia Manufacturing, No. 8, 2017, pp. 308 - 313.

两个议题上，毕竟在2030年之前，它们都是俄罗斯北极经济开发的核心要素。之所以定位在2030年之前，是因为俄罗斯北极战略的内驱因素可以有足够的时间发挥作用，也有助于追踪主要因素发挥作用的效果与轨迹。

出于研究的需要，有必要厘清驱动力和战略之间的区别。例如巴伦支海的划界和资源开发问题是俄罗斯北极航道治理的首要议题，在具有争议的地区寻找司法公正的努力，并非源于驱动力而是出于战略考量。物质或政治环境的改变引起的战略改变将会从另一方面解释驱动力的内涵。

诚然，俄罗斯政府的北极战略难以被准确预测，但是可以确定的是：在北极地区推动能源开采和北极航运，将会给俄罗斯带来巨大的发展机遇。从某种程度上说，能源开发与航运这两种产业是相辅相成的关系。例如，开采油气将会增加跨国运输需求，而成熟的北冰洋航线管理体系能提供物流便利。随着北极油气开发的发展，俄罗斯有可能对过境船队收取费用。当然，出于战争或气候突变等不可抗力，北极也可能仍是一个被遗忘的地方，既没有油气资源的开采，也没有商业运输活动。但是，本章研究的重点既不是解释可能的场景，也不是预测未来，而是根据一些核心要素来评价俄罗斯未来的北极航运管理政策，而这些要素将与俄罗斯的北极战略紧密相连。

这里将影响俄罗斯北极战略的驱动力分为四类：气候变化、北极航运、国内政治、科学技术，并认为这是俄罗斯决定参建“冰上丝绸之路”的核心要素。每一种驱动力都有一种作为起点的内在要求，通常被这样表述，如“气候变化提供了新的经济机遇”，随后则引出一个新的问题，如“从长远来看，这会破坏北极地区的经济活动吗”，类似的问题将作为研究俄罗斯北极战略的主导型议题，从而分析这种驱动力将对俄罗斯北极战略产生的影响。

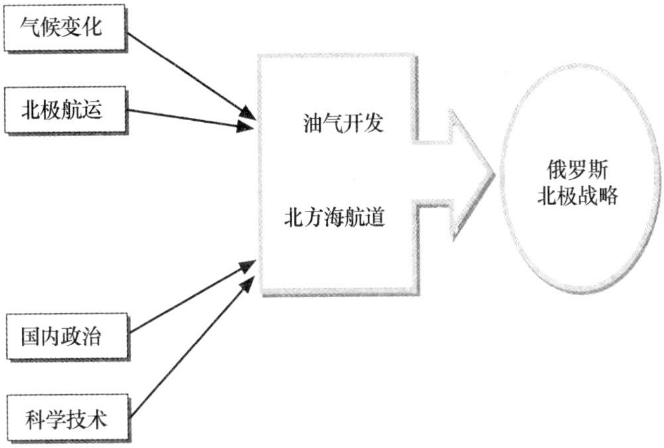

图 3－1　驱动因素塑构俄罗斯北极战略的路径

笔者自制。

二、气候变化与俄罗斯北极战略决策

北冰洋冰融为俄罗斯带来了新的经济发展机遇，从而深刻影响到人类的北极活动。北极地区是世界上对大气温度变化最为敏感的地区之一。北极冰雪正在比预期速度更快地消融。2018 年 6 月 13 日，从北冰洋流经西伯利亚的气流温度为 6.6℃，北冰洋升温速度明显，① 预计到 2030 年夏季，夏天的北冰洋将不会被冰雪覆盖。

① Arctic News，"High Temperatures over Arctic Ocean in June 2018"，http：//arctic－news. blogspot. com/2018/06/high－temperatures－over－arctic－ocean－in－june－2018. html，2021－11－01.

北极气候暖化是改变俄罗斯北极政策的重要动力，因为冰川消融使得大规模矿产开发成为可能，这将会为俄罗斯的北部边疆地区带来宝贵的发展机遇。到2030年，俄罗斯从北极获得的经济收入将主要来自油气产品的出口，所以从经济收益的视角来看，俄罗斯在北极地区的化石能源储备会受到国内外油气商的高度关注。① 此外，冰川消融为北极航运带来了发展机遇，同时推动了欧亚北极航线的稳定发展。如果拥有完备的科技、建立完善的规章制度和基础设施，北冰洋沿岸地区将会变成俄罗斯新的经济增长区。目前，北方海航道一年的通航期为四个月，未来将延长到半年以上；而使用北方海航道商船的增多，将为俄罗斯带来商机。北冰洋冰山的减少，加速了沿岸港口、道路、铁路、油气管网的建设，导致国际贸易模式的彻底变革。“北极能源+北极航道”被视为一个可行度颇高的愿景，这推动俄罗斯雄心勃勃地制定北极航运战略，加大对北极油气勘探技术和航运基础设施的投资力度。②

在北极地区，气候暖化的负面影响是：如果气候变暖的趋势得不到控制，那么将长期阻碍北极的商业活动。例如，旨在减少人为排放温室气体的政策，会弱化油气开发的繁荣愿景。除了海洋冰川的消融，气温上升将会导致北极永久性冻土的大规模融化，这可能造成道路、管道、码头等基础设施的地基下陷和倾斜。此外，北极永久性冻土的融化将释放出大量的甲烷气体，这将增加俄罗斯温室气体的排放量。北极地区气候变化的消极影响也许会

---

① 姜秀敏、朱小檬等：《基于北极航线的俄罗斯北极战略解析》，《世界地理研究》2012年第3期，第45—49页。

② 肖洋：《中俄共建“北极能源走廊”：战略支点与推进理路》，《东北亚论坛》2016年第5期，第109—117页。

增大俄罗斯面临的环保压力，引发俄罗斯气候民族主义思潮的泛滥。

北极冰川消融的最大危险是全球气候变化可能达到“临界点”。在这个点上，全球气候变化进程将会加速，并很可能面临失控的风险，哪怕是细微的变化都会引起一系列不可逆转的连锁反应。① 俄罗斯北极政策中关于气候变化影响的核心因素就是确定时间点：夏季北极冰川何时会完全消融？北方海航道将在哪一年可以全面开放？全球气候变化的速度越快，这个议题就越有可能被提上俄罗斯的战略议程。

北极气候变暖也可能改变俄罗斯开采北极油气资源的方式。全球变暖的一种可能结果是北冰洋沿岸冰川的融化，减轻了开采北冰洋深海油气的难度，降低了开采成本。虽然北极永久性冻土的融化会造成地面沉降，影响沿岸油气输送基础设施的牢固性，但这并不影响俄罗斯建设北冰洋沿岸能源基础设施的投资热情。毕竟加强对北极油气资源的勘测，会巩固俄罗斯作为全球能源供应国的领导地位。

因此，俄罗斯需直面经济开发与环境保护如何并重的决策难题。俄罗斯总统普京一再强调，如果不考虑环境的承载力，就不能在俄罗斯北极地区建设工业项目。2016 年，俄罗斯政府将气候问题的分析重点放在了其对俄罗斯产生的消极影响上。如果气候变化的严重后果影响了国家环境安全，俄罗斯将会推行更加严格的北极治理制度。因此，国际协议的压力也是影响俄罗斯北极决策的重要议题。在未来的几十年中，俄罗斯政府必将仔细评估北

① Scott R. Stephenson and Laurence C. Smith, “Influence of Climate Model Variability on Projected Arctic Shipping Futures”, Earth's Future, Vol. 3, No. 1, 2015, pp. 331 - 343.

极航运价格、油气资源开采成本、生态环境承载力等因素。但是，灾难通常会在改变之前来临。最糟糕的情境莫过于全球气温持续升高，这就会使各个领域的关注点从如今的经济因素转变到更深层的人类生存问题。

三、北极航运与俄罗斯北极战略决策

俄罗斯北极经济开发的愿景，取决于北方海航道（属于北极东北航道）的畅通。北极冰雪环境的改变正在促进北极航运业的繁荣，俄罗斯未雨绸缪，为北方海航道开发做好了准备。北方海航道是太平洋和大西洋之间最短的海上通道，一旦顺利通航，一半以上的海运物资都会经过这片海域。北方海航道西起新地岛，东至白令海峡。在北半球的夏季使用北方海航道，能够比传统的苏伊士运河航线减少20天的航程，缩短了相当于40%的航程。北方海航道作为北极东北航道的主干航道，可用航道分为沿岸航线、中间航线、高纬航线、极点航线四条。

沿岸航线是指沿俄罗斯北岸水域航行，此航道水深较浅，易受岸冰的影响，由于转向多、绕程远，因此累积航程最长。

中间航线是指从白令海峡驶入楚科奇海，通过弗兰格尔岛南侧的德朗海峡后进入东西伯利亚海，沿新西伯利亚群岛北侧途经拉普捷夫海，穿过维利基斯基海峡，继续向西南行进，沿新地岛抵达巴伦支海。

高纬航线是指过新西伯利亚群岛北侧后继续向西北方向航行，从北地群岛北侧通过，再转向西南抵达巴伦支海。该航线面临高密度浮冰的风险，但累积航程最短。

极点航线是指穿过北极点的航线，受到来自北极高纬冰盖的严重阻挡，不适合商船。

从长远来看：北方海航道将成为欧亚大陆最重要的海上交通运输线之一。如今，俄罗斯逐渐放开国际航运公司在俄境内的航运活动，此举有助于大幅增加过往北方海航道的船舶数量。气候变暖使船舶到达北极港口，使出口油气资源和矿产资源成为可能。

俄罗斯国内存在阻碍北方海航道开发的三大不利因素。一是来自铁路运输的竞争。西伯利亚铁路虽因过度使用而破败不堪，但仍然是亚欧物流的骨干通道，使用西伯利亚铁路比使用北方海航道更有利可图。目前俄罗斯政府无法筹集到西伯利亚铁路现代化或建设该地区第二条铁路的资金，但日本和其他亚洲国家已经表示愿意投资开发这条铁路，因为可以从这条交通大动脉中获得巨大利润。二是管理制度不合理。俄罗斯对北方海航道的过往船舶有着专门的过境管理制度，俄罗斯政府能在那里为过往船舶建立一个保险制度，强制提供搜索和救援行动，并且为船舶提供破冰船服务。例如阿尔汉格尔斯克—楚科奇—符拉迪沃斯托克（海参崴）是北方海航道的关键航段，亦是“冰上丝绸之路”的咽喉要道，受到来自俄方的强制性管制也最多。① 因此，北方海航道的复兴需要寻找合适的合作伙伴。三是缺乏沿途贸易的机会。通常情况下，为了优化货运和增加航运的盈利，船队常常在航道沿线港口装卸货物，而在北极却没有类似的机会。此外，由于每年冰融时间不同，难以形成特定的海运交通时刻表，但远洋集装箱运输在很大程度上取决于精确的时间表。因此，北极航道成为全球主干航道尚需时日。

① M. Bennett, “North by Northeast: Toward an Asian - Arctic Region”, Eurasian Geography and Economics, Vol. 55, No. 1, 2014, pp. 71 - 93.

四、国内政治与俄罗斯北极战略决策

《俄罗斯联邦在2020年之前的北极政策》是研判俄罗斯国内政治影响北极战略决策的重要文本。例如在该文件中哪些是重点信息以及这些信息是如何被官方阐述的，都会作为战略学家解读俄罗斯北极战略的突破口。①

俄罗斯国内社会对北极地区的主要关注点包括社会经济发展、军事安全、环境安全、科学和技术，但核心目标是维护北极的和平与稳定。因此，2013年12月，俄罗斯成立了北极部队，以加强在北极地区的国防力量，其主要职责是保卫领土、打击走私和非法移民，同时保护海洋和生物资源。②

俄罗斯总统普京已经多次提到俄罗斯北极政策的优先议题等级：一是尊重北极地区的原住民和少数民族的经济、文化传统，为其建设必备的基础设施，提供较好的生活条件。二是为国内外对北极地区的投资奠定物质基础，打造新的经济增长点。三是确保对北极科考和自然保护区基础设施的实质性投资。其中，开发北极能源、重建北方海航道沿线的交通基础设施是俄罗斯振兴北方工矿业城市的必然举措。具体项目包括：支持北极地区的商业活动、交通运输、发展能源基础设施，这需要进行多元化的资金筹措，以及对操作人员进行专业训练。③

---

① S. G. Borgerson, "Arctic Meltdown: The Economic and Security Implications of Global Warming", Foreign Affairs, No. 3, 2008, pp. 63 – 77.

② L. E. Flake, "Russia's Security Intentions in a Melting Arctic", Military and Strategic Affairs, Vol. 6, No. 1, 2014, pp. 99 – 116.

③ Pavel K. Baev, "Russia's Arctic Ambitions and Anxieties", Current History, Iss. 112, No. 756, 2013, pp. 265 – 270.

俄罗斯在其他的战略文件中也提到了北极地区，包括《2020年前的俄罗斯联邦国家安全》。俄罗斯国内政治一再阐明这样一个事实：俄罗斯不会放弃将武力作为解决对外能源争端的方式，但应优先在国际法的框架下维护俄罗斯的国家利益。可以说，俄罗斯仍然坚持理性和务实的北极外交政策，不采取主动与西方对抗的政策，更极力避免卷入一场昂贵的北极军备竞赛。①

从目前来看，俄罗斯政府对北极经济开发问题采取了谨慎开放的态度，但采取以民营公司为主的国外合作模式，这样不仅能够避免来自西方国家关于政府保护、贸易不公等指责，而且能为俄罗斯政府留下一定的政治缓冲空间。

五、科学技术与俄罗斯北极战略决策

北极地区的气候挑战包括：巨大的、快速移动的、能够摧毁深海钻井平台的冰块；不可预测的海上风暴，这足以摧毁过往船舶；零下50℃的低温；长达半年的极夜。北极航道能否顺利通航、北极资源能否顺利开发，都取决于是否拥有适应北极极端气候条件的科技和设备。问题在于：俄罗斯是否有能力购买昂贵的极地作业科技与装备。尽管科技在进步，但是技术成熟并付诸生产实践需要花费相当长的时间。

尽管俄罗斯拥有世界上最强大的破冰船舰队，但仍然缺少对造船厂、港口等基础设施和破冰科技的投资。苏联时代留下的破冰船已经步入报废期，俄罗斯近百艘破冰船中只有10%能够进行

① 何铁华：《〈极地规则〉与北极俄罗斯沿岸水域的制度安排》，《中国海事》2014年第9期，第13—16页。

全年航行。① 而且，在北方海航道使用破冰船的费用比普通舰队高出很多，比在无冰水域航行时需要更多的燃料。

发展耐寒装备以及水下勘探技术，都有助于减少北极能源开发的成本。尽管俄罗斯加速北极油气能源开发的意愿不断加强，但是整个开发过程非常困难。在北极建设转运码头、修船厂、输油管、储气罐、液化天然气工厂等基础设施的成本都很高。随着北极地区经济的发展，需要追加更多的技术改造资金。

近些年来俄罗斯应用于北极的科技已经有了实质性进步。例如定向钻井的发展、水下机器人、对接设施、更精准的天气预报，使得在极端气候条件下开采油气更具可行性。为了开发北极深水天然气资源，俄罗斯极其渴望引进国际技术和投资，这迫使俄罗斯向外国公司寻求帮助。② 通常而言，天然气比石油更容易开采，并且其环境风险度也较低。但是，将天然气进行液化处理需要精湛的科技，天然气从开采—液化—灌装—运输—存储等全过程，都需要严格的高科技及装备的支撑。与此同时，当距离消费市场较远时，用大型液化天然气船可能比天然气管道运输更便宜。因此，北极天然气开发和北方海航运发展是相辅相成、相得益彰的关系。

在北极能源开采与北方海航道开发领域，俄罗斯科技水平较低且与其他国家的合作也较少，这造成北极东北航道的航运活动较少。俄罗斯有可能做出一些让步，例如与其他国家进行合作，邀请国际能源巨头参与北极开发，并赋予其某些特权。俄罗斯的

---

① 齐冠钧、刘娅：《俄罗斯北极航道建设研究》，《东北亚经济研究》2023 年第 1 期，第 85—90 页。

② Lotta Numminen, "Breaking the Ice: Can Environmental and Scientific Cooperation Be the Way Forward in the Arctic?", Political Geography, Vol. 29, No. 2, 2010, pp. 85 - 87.

这种策略选择具有合理性：既能获取稳定的税收，又能引进先进的技术。由于资源开发和北方海航道能够产生明显的叠加效应，北极航运领域的发展也可推进北极资源、北极旅游的发展。

事实上，俄罗斯寻求国际合作来获得外国技术的例子有很多。例如在什托克曼发展计划中，挪威国家石油公司经过激烈的国际竞争后成为俄罗斯天然气工业股份公司的合作伙伴。① 2008 年国际金融危机和北极气候持续变暖使俄罗斯政府软化了此前排斥外资进入北极的态度。俄罗斯第二大天然气生产商诺瓦泰克公司就与中国石油和法国道达尔公司合作了亚马尔天然气工程。② 然而，以往的经验表明：俄罗斯的国际投资环境具有不可预测性，"国有能源企业优先"仍然是俄罗斯北极能源与技术转移的重要原则。

俄罗斯北极战略依赖于所有动因之间的相互影响。如上所述，由于获得自然资源更为容易，与气候变化有关的驱动力或许会依赖经济收入，因此这会促进俄罗斯北极航道商业化的发展。同时，全球变暖也许会阻碍北极地区的经济活动，因为一些活动可能会被证明危害了北极脆弱的生态系统，从而引发俄罗斯北极政策的改变。根据影响俄罗斯北极战略的四种动因可以发现：北极航运和国内政治是影响俄罗斯政府北极战略决策的核心动因，而气候变化和科学技术则难以对俄罗斯的北极战略转型产生决定性作用。遂得出如下初步结论：

第一，在未来的 10 年至 20 年间，气候变暖将会为北极地区

---

① Lars Petter Lunden, Daniel Fjaertoft, Indra Overland, Alesia Prachakova, "Gazprom vs. Other Russian Gas Producers: The Evolution of the Russian Gas Sector", Energy Policy, Vol. 61, 2013, pp. 663 – 670.

② 中国石油新闻中心：《"冰上丝绸之路" 新支点 亚马尔液化天然气项目启示录》，http://www.cnpc.com.cn/cnpc/trqxgdt/201711/ccb521fccf144df08cddadbd11001196.shtml，2021 年 11 月 2 日。

带来极大的商机。俄罗斯开发北极能源面临来自国际气候协议的约束，因此俄罗斯北极战略的基础仍然是北极航运开发与沿岸基础设施建设，而俄罗斯北极能源合作的重点领域是液化天然气开发。

第二，俄罗斯政府将会继续鼓励发展本国的极地开发科技，采取“以项目换科技”的方式与国外能源和极地基建企业进行商业合作。

第三，俄罗斯的现代化战略终将改变北极地区的资源出口型经济发展模式。从长远来看，俄罗斯必将摆脱对原料出口经济模式的依赖，以积累足够的经济实力来推动现代化进程。因此，俄罗斯未来的北极能源合作将从资源开发向民生基础设施和社区建设等新兴合作领域拓展。

第四，俄罗斯实施北极开发国际合作策略的真实目标是积累重建北方海航道沿线基础设施的资本，而非大力开发北极资源，发挥在资金、技术、基建等领域的优势。

综上所述，俄罗斯北极战略的可持续性取决于俄罗斯执政党是否在较长时期内，愿意通过北极航道将北极资源运输到国际市场上，同时容许外国企业继续扩展在北方海航道沿线地区的经济活动。如若不能，则北极开发对俄罗斯经济发展的愿景预期就会大打折扣。对于俄罗斯的决策者来说，在构建北极航道管理战略的过程中，国际能源市场是一个决定性因素。如果无法获得预期的高收益，北极地区将无法得到巨额外来投资。毕竟外国投资对于原材料开采和商业运输极其重要，先期投资的很大一部分将会被用来资助俄罗斯的极地科技研发。① 如果俄罗斯准备进行技术创

① 郭培清、管清蕾：《探析俄罗斯对北方海航道的控制问题》，《中国海洋大学学报（社会科学版）》2010 年第 2 期，第 6—10 页。

新，它就必须发展本国技术或是与别国合作来获得科技突破。因此，与别国进行合作或竞争都将是决定性的驱动力。俄罗斯很有可能采取韬光养晦的政策，通过多种方式来获取国外先进技术。但是，俄罗斯北极战略的国内基础有赖于从平民到精英对俄罗斯北极地区重要性的认同一致。关于什么是对俄罗斯最好的策略选择尚不存在固定不变的评判标准，这都取决于当代俄罗斯人的国家观念。这也再次佐证了，俄罗斯这个具备高度民族自信心的国家，其北极开发背景下的国际合作，绝非基于互惠互利的经济原因，而是另有战略深意。

第四章　挪威政党政治与北极战略

挪威是几乎所有国土都位于北极圈以北的北极国家，土地面积约为38.5万平方公里，截至2021年人口约为540万。挪威将领土分为“极北地区”，即北极高纬度无人区，和“高北极地区”（简称高北地区），即挪威本土北部和斯匹次卑尔根群岛等宜居之地。挪威北部的两个郡，即诺德兰和芬马克的陆地面积约为10万平方公里，约占挪威领土面积的三分之一，而斯匹次卑尔根群岛和扬马延群岛的面积也较大，约为8.5万平方公里。由于受墨西哥湾暖流的影响，挪威北部海岸不结冰。另一方面，斯匹次卑尔根群岛的朗伊尔城的平均气温约为 -13℃—8℃。随着北冰洋夏季海冰逐渐消退，北极气候暖化影响了斯匹次卑尔根群岛的生态环境，对挪威的林业资源、鱼类种群和农业发展产生较大影响。

第一节　挪威的政府系统

一、行政机构

挪威是君主立宪制国家，挪威国王是挪威武装部队总司令和挪威教会的领袖，[1] 也是国家象征，拥有形式上的行政权，并由国务委员会以国王的名义代行此权力。挪威行政机构以挪威议会为基础，国王任命赢得议会多数席位的政党组成政府，并任命首相和内阁部长。2021 年 10 月，工党和中间党组成政府，其中内阁大臣 19 人、工党 11 人、中间党 8 人。[2] 挪威共设有 1 市、11 个郡、356 个市镇，国王为每个郡任命 1 名总督。

二、立法机构

挪威议会是挪威最高立法机关，拥有立法权、财政监督权和行政监督权。挪威实行一院制，全国共有 19 个选区，选举制度采用比例代表制。共有 169 名议员，下设 12 个常设委员会。2021 年 9 月，有 9 个政党在挪威议会中拥有席位，分别是保守党 36 席、进步党 21 席、自由党 8 席、基督教民主党 3 席；工党 48 席、中间党 28 席、社会主义左翼党 13 席、绿党 3 席、红党 8 席、关注患者党 1 席。议员主要年龄在 45—60 岁之间，例如在 2013—2017 届议会中，该年龄段的议员为 89 人，占比 52.66%。

---

① 挪威武装力量包括四个军种：皇家陆军、皇家海军、皇家空军、国土防卫队，全军名义统帅是国王，但国防大臣拥有实际的军队指挥权。挪威教会成立于 1536—1537 年，属于基督教路德宗，是挪威规模最大的教会，强调“因信称义”。

② 中华人民共和国外交部：“挪威国家概况”，https://www.mfa.gov.cn/web/gjhdg_676201。

表 4 -1　挪威议会各党派议员年龄分组一览表（2013—2017 年）

政党名称	≤24 岁（人）	25—29 岁（人）	30—34 岁（人）	35—39 岁（人）	40—44 岁（人）	45—49 岁（人）	50—54 岁（人）	55—59 岁（人）	60—64 岁（人）	≥65 岁（人）	总计（人）
工党	1	4	7	4	6	8	11	9	2	3	55
进步党	1	0	3	2	2	6	9	4	2	0	29
保守党	0	2	2	6	3	9	9	9	7	1	48
社会主义左翼党	0	0	2	2	2	0	0	0	1	0	7
中间党	0	0	0	3	0	2	3	1	1	0	10
基督教民主党	0	1	1	0	2	1	2	0	3	0	10
自由党	0	1	1	1	0	5	0	1	0	0	9
绿党	0	0	0	0	0	0	0	0	1	0	1
总计（人）	2	8	16	18	15	31	34	24	17	4	169

数据来源：挪威议会网站，https：//www. stortinget. no/no/Stortinget - og - demokratiet/Representantene/Statistikk/Stortingsrepresentantene - fordelt - pa - aldersgrupper - og - partier - 2013 - 20171/，2021 - 10 - 22。

此外，挪威议会中的女性议员越来越多。随着 1907 年挪威女性获得了参选议会议员的权利，二战后挪威议会中女性的比例逐渐增加，女性逐渐获得挪威议会各委员会的领导人职位，例如克劳迪娅 · 奥尔森成为挪威议会首位女性委员会主席，1945—1949 年担任卫生委员会主席，并连续三届担任社会委员会副主席。① 从 20 世纪 70 年代中期开始，女性也在议会的政党中担任领导职务。挪威议会（2013—2017 年）中的女性议员为 67 人，占比约为 39. 6%，而在当前议会（2018—2022 年）中则有 69 位女性议员，

① Stortinget，“Kvinner i politiske maktposisjoner”，https：//www. stortinget. no/no/Stortinget - og - demokratiet/Historikk/kvinner - pa - stortinget/Kvinner - paa - Stortinget/#statistikk，2021 - 10 - 22.

占比升至40.8%。其中，中间党和工党的女性议员占比最多，分别为70%和50.9%，而绿党、进步党和自由党的女性议员占比不足五分之一。

表4-2　挪威议会各党派女性议员所占比例一览表（2013—2017年）

政党名称	议员总数	女性议员数	女性议员人数百分比
工党	55	28	50.9
进步党	29	6	20.7
保守党	48	19	39.6
社会主义左翼党	7	2	28.6
中间党	10	7	70
基督教民主党	10	3	30
自由党	9	2	22.2
绿党	1	0	0
总计	169	67	39.6

笔者自制。

此外，挪威议会还设有多个议会间代表团，包括北极议会会议代表团、欧洲议会关系代表团、各国议会联盟、欧洲委员会议会大会等。

三、司法机构

挪威的司法机构分为三级结构：最高法院、高级法院和初审法院。此外还设有社会保障法院、劳资仲裁法院、土地认证法院等。最高法院是挪威的三大国家权力机构之一，由20名法官组成，年审案量为200宗左右。最高法院的主要任务是在宪法的框架内促进法律发展。最高法院具有最终裁定效力。最高法院的法律意见也被其他法院和司法机构所遵循。因此，最高法院对该国适用的法律具有决定性影响。①

原则上，所有类型的案件都可以向最高法院提出上诉，包括民事纠纷、行政案件和刑事案件。最高法院还处理宪法问题。因此，最高法院是挪威的最高宪法法院、行政法院、争端仲裁法院和刑事法院。在每个案件的审理过程中，审判庭由 5 名法官组成。在某些情况下，案件由 11 名法官审理，或由整个最高法院审理。最高法院的诉讼程序在大多数情况下是公开进行的，其不会像地方法院和上诉法院那样要求以当事人和证人陈述的形式直接提供证据，最高法院也不进行证物和证词检查。②

提交最高法院的所有案件首先由上诉委员会审议，上诉委员会是对判决上诉的筛选机构，未经上诉委员会同意，不得向最高法院提出上诉。在上诉委员会中，案件处理以书面形式进行，从收到案件到举行上诉听证会的平均处理时间，民事案件大约为 6 个月，刑事案件大约为 3 个月。

第二节　挪威的政党政治与主要政党

一、政党政治

挪威的政党政治始于 1884 年自由党的产生，以及由自由党内

① D. J. Sagar, Political Parties of the World, 7th edition, London: John Harper Publishing, 2009, pp. 438 - 440.

② Norges Høyesterett, "Behandlingen i høyesterett", https://www.domstol.no/enkelt-domstol/hoyesterett/om/behandlingen/, 2021 - 11 - 02.

的反对派组成的保守党。1887 年，工党登上挪威的政治舞台。1933 年，基督教民主党成为挪威第四大政党，至此挪威政党政治格局基本形成。工党、保守党和中间党分别代表各自的传统利益群体：工人、商人和农民。除了工党明确宣称代表工人阶级之外，每个政党都与利益集团之间保持着很强的联系。

从意识形态上看，这些政党明显属于传统的政治派别：左翼的工党，右翼的保守党和进步党，中间派的基督教民主党，以及不同立场的较小政党。影响各党的立场分歧和投票结果的因素包括以下几个方面：城乡、环境、宗教和文化等，这些因素对基督教民主党、自由党和绿党来说尤为重要。

挪威所有政党的章程极其相似。挪威所有政党的基层单位是地方协会，市、郡层面的协会有权提名竞选公职的候选人。这意味着即使在国家议会层面，政党中央机关也无权影响本党代表名单的构成。由于议员候选人按不同选区分配名额，这种提名方式进一步加大了各政党的组织分权结构。选区组织的提名大会通常会尽力将一系列团体（无论是按地区、性别还是利益团体）的代表纳入政党代表名单，以稳定社会支持度。

各党的最高管理机构是全国大会，通常每两年举行一次。会议代表由选区党组织选举产生，包括该党现任的政府官员、议员以及下属的女性和青年组织代表。各党全国大会选举党的领导人、审议党纲、制定党规。党的领导人通常是议会中该党的党首，主持全国委员会和执行委员会，负责党的日常活动。

正是由于挪威政党政治的稳定性，挪威的选举制度往往围绕传统的大党展开，而候选人的个人魅力对选举结果的影响力有限。由于挪威的媒体往往都有政党倾向，因此选民较少改变所支持的政党。

二、主要政党及其政策主张

（一）保守党

保守党成立于1884年，原为挪威王室旧官僚阶级的政党，旨在反对采用议会制度来限制王权，如今逐渐转变为由私人企业主、高级专业人才和中产阶级组成的政党。在《保守党政党计划 2021—2025》中，其政策主张包括：支持自由市场经济，反对大政府和国有化，主张减税和支持私有化经济，建立外商直接投资管控机制，建立航天产业创新中心，要求外商严格遵循欧盟的知识产权标准，提倡国家放松对经济的宏观调控力度，以促进经济自由发展，从而维护挪威高福利国家的地位。① 在外交政策上，保守党一直强烈支持挪威加入欧盟，坚持强化挪威与欧盟的全方位合作关系。

从长远来看，保守党的合作伙伴是中间党，其主要的支持者是青年人和高收入者。保守党和中间党对工党产生较强的竞争压力，并始终坚称通过市场和跨境贸易能够解决挪威的大部分社会矛盾。

（二）工党

工党成立于1887年，在一战前夕，其党员人数随着工人运动的高涨而迅速增多。一战后，工党曾经是共产国际的成员，后出现内部分裂，在二战前夕再次统一为挪威最大的政党，并长期赢得挪威议会选举和地方选举。工党奉行社会民主主义和亲欧主义，

① Høyres, "Partiprogram", https://hoyre.no/politikk/partiprogram/, 2021-11-02.

2014年拥有党员56000人，拥有青年组织——工人青年联盟。挪威成为福利国家与工党的长期执政密不可分，因为工党与挪威大型私有企业达成协议，共建社会保障体系和公共健康体系，缩小了社会各阶层之间的贫富差距，使得挪威社会保持长期稳定和经济发展。

工党与挪威工会的关系紧密，巩固了工会会员同时也是工党党员的制度，这个组织制度创新使得工党具有强大的社会渗透能力。工党不仅得到高度工会化的工业工人阶级的支持，同时也得到第一产业工人和农牧民的支持。这表明工党具有较为扎实的城乡群众基础。

自20世纪30年代中期以来，工党放弃了其早期激进的社会和经济变革政策，选择了旨在保持充分就业和在混合经济中发展福利国家的渐进改革。与保守党等政党相比，工党致力于强化政府规划和经济干预。工党强烈支持挪威加入北约，并在两次全民公投时支持挪威加入欧盟。工党还主张加强与美国的传统合作关系。

在外交政策方面，工党反对外国军队在挪威驻扎和部署核武器。20世纪80年代，工党承诺在北欧地区建立无核区。其提出的“有计划的国家治理”理念仍然是其政治影响力所在。工党在2005年成立的“红绿”联合政府具有历史意义，因为这是第一个包括中间党和社会主义左翼党的政府。

（三）进步党

进步党成立于1973年，奉行自由主义和右翼民粹主义。进步党拥有青年组织——进步党青年会，2014年拥有党员16342人。进步党主张减税、缩小政府机构和编制、减少政府对市场经济的干预、降低关税、严格限制外国移民和难民申请，主张加入欧盟。进步党倡议将挪威的石油收入用于本国的基础设施建设和改造。近年来进步党的反移民立场获得越来越多的民众支持，得票率激增。在2017年的议会选举中，进步党获得27个席位，成为第三大党，并再次执政。

表4-3　进步党参加历年挪威议会选举的结果一览表（1973—2017年）

时间	得票数	得票率	议席数	身份	排名
1973	107784	5.0 %	4 / 155	反对党	第6
1977	43351	1.9 %	0 / 155	—	第7
1981	109564	4.5 %	4 / 155	反对党	第5
1985	96797	3.7 %	2 / 157	反对党	第6
1989	345185	13.0 %	22 / 165	反对党	第3
1993	154497	6.3 %	10 / 165	反对党	第6
1997	395376	15.3 %	25 / 165	反对党	第2
2001	369236	14.6 %	26 / 165	反对党	第3
2005	582284	22.1 %	38 / 169	反对党	第2
2009	614724	22.9 %	41 / 169	反对党	第2
2013	463560	16.3 %	29 / 169	执政党	第3
2017	444423	15.3%	27 / 169	执政党	第3

笔者自制。

第三节　挪威北极战略决策的政党因素

挪威是最重视北极事务的北欧国家，在2005年新的“红绿”政府上任时，当时的外交部长乔纳斯·加尔·斯托尔多次强调高北地区（挪威北部三郡和斯匹次卑尔根群岛）和北极事务的重要性。2006 年，当俄罗斯在北极海底插上钛合金国旗并拉开北极划界序幕的时候，全世界的目光都转向了北极。在此背景下，挪威政府提出同时考虑国内的区域发展和国际多边合作，后者主要是指北极理事会和巴伦支—欧洲北极理事会。挪威坚持北极事务是挪威外交优先议题，高北地区的发展已成为挪威国内区域协调发展的优先事项。2013 年上任的保守党政府基本继承了前任工党政府的北极政策方针，挪威北部地区的发展方向略有偏移到北大西洋和与俄罗斯的边境地区，这主要归因于石油和天然气价格的下降，以及乌克兰危机导致俄欧关系紧张。

通常而言，北极是冰原和荒野的代名词，而挪威的北极地区，不仅没有冰，而且常驻人口相对较多。因此挪威政府和民众普遍认为挪威国土安全政策难以完全覆盖北极，也缺乏保卫北极的实力，进而倾向于在环境保护、海空搜救和经济发展等“软政治”议题上进行国际合作。当前，挪威的安全政策主要集中在与俄罗斯的关系上，由于挪威三分之一的领土和 80% 的海洋专属经济区都在北极地区，北极与挪威的国家安全和国防政策密切相关，因此，北极事务和高北地区是挪威国家安全考虑的核心。

应从挪威的国家安全视角来界定“北极”和“高北”的内涵。前者涉及泛巴伦支海和北大西洋的海空治理，属于挪威的军事联盟问题；后者涉及挪俄边界争端以及俄罗斯对挪威的战略威慑，属于挪威的国土防卫问题。后者推动了挪威一直努力通过北约加强与美国的军事合作，以平衡挪威与俄罗斯在国力和军事实力上的不对称状态。

此外，挪威也重视从务实的角度与俄罗斯发展良好关系，尤其是巴伦支海鱼类捕捞和边境贸易秩序都需要两国协调管理。挪威将挪俄双边关系集中在地方和区域层面进行环境管理和民间合作。这造成挪威在北极事务上左右逢源的状态：一方面，挪威寻求美国及其欧洲盟友积极参与北极军事活动以威慑俄罗斯；另一方面，挪威在联合国、北极理事会、巴伦支地区的相关国际组织与俄罗斯开展多边合作。

总体而言，挪威政党政治对本国北极政策的影响主要表现在议会—政党两个层面。

一、北极议会会议代表团

北极国家的议会间合作始于 1993 年，“北极议会会议”由来自北欧五国议会与加拿大、俄罗斯和美国议会以及欧洲议会的代表组成，代表北极原住民的六个非政府组织是永久参与者，议员们与北极理事会的政府间合作密切。北极议会会议成立的背景是北极国家和一些非北极国家对北极的兴趣日益浓厚，重点关注的领域是北极地区人民的生活条件、自然资源的可持续利用、北极航运以及科学研究和教育合作。2009 年 10 月 22 日，挪威议会成立了北极议会会议代表团。

挪威的北极议会会议代表团由来自不同党派的 12 名成员组成，包括 1 名团长、1 名副团长、4 名委员、6 名副委员。北极议会会议代表团团长在北极议会委员会代表挪威议会。该委员会每年举行 3—4 次会议，由每个成员国议会派驻 1—2 名成员组成。北极议会会议每两年举行一次，挪威议会的北极议会会议代表团参加了所有的北极议会会议。第十四届北极议会会议于 2021 年 4 月 13—14 日举行在线会议，挪威议会是会议主办方。此次会议汇集了来自北欧五国议会以及加拿大、俄罗斯、美国和欧洲议会的代表、北极土著人民和一些观察员。会议宣言提出了三方面的倡议：一是保护北极气候环境，议员们指出北极的变暖速度是世界其他地区的两倍，北极地区和欧亚大陆都受到影响。因此，会议敦促北极地区各国政府：在格拉斯哥举行的第二十六届联合国气候峰会之前加强北极气候合作；在制订北极气候行动计划方面发挥主导作用；通过国际极地年的新举措加强科学研究合作；不断评估新技术以减少碳排放。二是北极经济可持续发展。为确保可持续的经济发展，议员们敦促各国政府加大在北极地区数字基础设施建设力度，并促进创业、创新和经济发展。此外，他们希望加强与北极经济理事会的合作，并倡议执行《北极投资协议》。三是提升北极公共服务水平。城市化使北极对年轻人更具吸引力，但新冠病毒感染疫情对北极地区的就业环境和公众健康产生巨大影响。因此，议员们呼吁各国政府加强该地区的公共卫生服务、鼓励青年人加入北极经济开发、制定便捷北极青年跨界流动的协调管理方案、北极地区的所有活动都以尊重土著人民的权利为基础、简化签证规则。此外，第十四届北极议会会议还强调了北极地区和平与稳定的重要性，提出加强各国在地区安全问题上的合作与对话。①

二、工党的北极政策

工党作为挪威长期执政的大党，其政策主张具有较强的影响

① Stortinget, “Slutterklæring fra Den 14. arktiske parlamentarikerkonferansen”, https://www.stortinget.no/no/Hva-skjer-pa-Stortinget/Nyhetsarkiv/Hva-skjer-nyheter/2020-2021/slutterklaring-fra-den-14.-arktiske-parlamentarikerkonferansen/, 2021-11-01.

力和延续性，尤其是工党非常重视高北地区的发展。工党认为北极地区是挪威最重要的战略区域。挪威高北地区是挪威经济的重要组成部分，该地区的重要性与日俱增。挪威北方地区的资源开发在水产养殖、能源、矿产、旅游和工业等方面存在巨大潜力。因此，工党认为必须在和平与发展的前提下加大对北方地区的投资，而知识储备和人才培养是工党高北政策的核心，也是让所有年轻人获得良好教育、确保挪威拥有世界领先的北极知识储备的关键。工党指出，如果挪威要在北极地区实现福利共享、价值创造和绿色变革的目标，就需要对知识创新和高层次人才培养进行长期的战略投资。挪威在北部地区拥有特罗姆瑟大学、卑尔根大学和萨米族大学学院，这对挪威这个北极国家来说是巨大的软实力。这些大学是高北地区重要的极地人才培养基地，承担着与北极探索和区域价值创造等有关的特殊任务，挪威通过在这些高校培育新的极地研究项目、营造良好学术环境以确保本国参与北极知识竞争的先发优势。因此工党未来的施政目标之一是在北方地区大力培育北极事务专业人才。

工党认识到制约挪威北部地区发展的重要障碍是基础设施落后。这是因为，当社会福利减少，公共服务集中于城市时，地区发展失衡状况会愈演愈烈。工党提出要扭转福利资源中心化趋势，发展贴近群众的社会服务，工党提出政府决策部门必须制定详尽的高北战略，并且必须成为北部地区经济社会发展的关键参与者。毕竟政府部门深度参与北极地区社会福利制度与基础设施建设，有助于优化该地区的就业与创新创业环境。

挪威北部近年来经历了资源开发导向型经济增长，但发展成就并没有惠及所有人，当地社区仍然存在发展停滞困境。为了应对这种“北极资源悖论”，工党倡导以创造就业机会、提升社区经济活力为导向的投资。挪威高北地区拥有绿色旅游和丰富的渔业、能源和矿产资源。工党将通过建立整个北极价值链和知识体系来发展新的极地产业。工党的北极经济开发政策是稳健的，既要加强现有产业，又要发展新产业，这是工党开发北极潜力的核心思路。

面对日益严重的北极暖化问题，工党认为低碳工业是解决气候问题的重要组成部分，也是循环经济的重要组成部分。挪威北方地区有较好的生产条件，温室气体排放量较低，因此挪威北部地区在提供气候解决方案和绿色就业方面处于有利地位。工党的目标是将挪威高北地区建设成为世界级的绿色转型中心。

为了加大挪威南北地区的联系，工党提出对北部地区基础设施进行现代化改造，并引领零碳排放交通的发展。而北方的基建投资，需要把资源和市场联系起来，在减少碳足迹的同时，使人员和货物的流通在区域及跨国运输中更加顺畅。工党希望消除海产品加工业和其他北方产业的货物运输瓶颈，以增加商业运输和人口的可达性。因此工党提出需要对北部地区的渔港和郡级公路进行升级改造，以确保从海岸到市场的安全高效运输。

需要指出的是，工党致力于发展挪威北部的铁路。它将促进价值创造及气候友好型货物和人员运输，挪威北极列车线路将采用低碳排放解决方案进行开发。作为重要的交通大动脉，连接挪芬边界与不冻港纳尔维克的奥福特铁路须实现双轨。国家交通规划中的挪威北部铁路须明确路线和技术选择、气候影响、成本和进度，以便推动北部地区铁海联运的顺利进行。

斯匹次卑尔根群岛对挪威在高北地区和北极的机遇具有重要的战略意义，因此斯匹次卑尔根群岛政策是工党高北战略的重要组成部分。斯匹次卑尔根群岛位于挪威最北端，工党提出将群岛内的朗伊尔城打造为一个充满活力的社区，为当地居民提供良好的服务和就业机会。为了推动朗伊尔城的绿色发展，工党致力于推动就业比例高的绿色旅游，同时实现斯匹次卑尔根群岛的高环保目标。而对于斯匹次卑尔根群岛商业社区的进一步发展，将侧重于提供稳定和有吸引力的工作。斯匹次卑尔根群岛对挪威和北极研究具有重要意义，工党希望加强北极研究工作，提升当地北极科研工作者的贡献。①

综上所述，工党的高北政策是一个较为完整的政策体系，涵盖了交通、文化、旅游、基础设施建设、社区发展等多个领域，并分别设置了政策目标。

表 4 – 4　工党高北政策及目标设置

政策类型	主要内容及目标设置
区域政策	1. 确保北部地区在商业、科学研究、气候和文化等方面的发展 2. 为挪威海和巴伦支海制订工业计划 3. 通过制订一个将商业价值和自然价值结合起来的沿海地区共存计划，加强挪威海洋综合管理实力 4. 确保挪威在东北航道中占据战略地位，将希尔克内斯发展为枢纽，通过东北航道将挪威与光缆建设工作联系起来 5. 大力投资斯瓦尔巴群岛的绿色发展，使之成为循环经济和零排放的先驱地区 6. 聚焦航天产业安岛—纳尔维克—特罗姆瑟—斯匹次卑尔根群岛，建设特罗姆瑟国家对地观测中心和安岛国家天基活动创新中心，确保安岛航天港早日建成

① Arbeiderpartiet, “Arbeiderpartiet kommer til å jobbe for at det skal være attraktivt å bo i et sterkt og levende Nord – Norge, med gode velferdstilbud og ettertraktede arbeidsplasser”, https://program.arbeiderpartiet.no/folk – og – samfunn/nordomradene – en – ny – giv/, 2021 – 10 – 24.

续表

政策类型	主要内容及目标设置
国防政策	建立强大的北极地区现代防御体系，获取关键领域的领导职能
外交政策	加强在北极理事会、巴伦支—北极理事会框架下的国际制度合作
安全政策	1. 将海上安全作为高北投资的重要组成部分 2. 加强北部的外交和安全政策对话，通过加强巴伦支海合作、发挥巴伦支秘书处作用，建立共同的会议场所，讨论安全政策挑战，加强民间合作
科研政策	1. 在北部地区高校实施新的科研促进措施 2. 增加北极社会科学研究 3. 为高北地区制订资源管理、水产养殖、空间活动、能源和气候治理等方面的研究计划 4. 增加挪威在斯瓦尔巴群岛的科研创新力度
教育政策	1. 提高挪威北部优秀学校的质量，制订学校发展计划以支持各市的高质量发展 2. 与顶级国际科研机构合作创建区域人才计划
产业政策	1. 提升在水产养殖、气候、航空航天和应急准备等方面的国家实力 2. 为高北地区的旅游业制定单独的商业战略 3. 增加北部地区的粮食产量，发展北极农业价值链 4. 建立北方循环经济产业规划 5. 将北极作为新技术的发展场所，并引入挪威北部的绿色创新弹射器计划，支持从创意到市场的过渡 6. 通过明确的就业要求、市政收入和当地供应商行业的发展以及大型招标的划分，确保北部商业活动为当地创造价值

续表

政策类型	主要内容及目标设置
环保政策	1. 通过电动飞机和海上电气化计划，使高北地区成为零排放运输的领导者 2. 调查使斯瓦尔巴群岛展示绿色能源解决方案（例如氢）的可能性
社区政策	实施智能住区试点项目，在北部小社区测试能源系统和小规模能源生产

笔者自制。

第五章　瑞典政党政治与北极战略

对瑞典来说，北极既是国内政治问题，也是外交政策问题。本章旨在探析瑞典政党政治对本国北极战略决策的影响。这不仅需要考虑瑞典传统外交政策的优先事项，还须考虑在北极地缘战略格局发生巨大改变的背景下，瑞典所长期坚持的中立政策是否会发生调整。随着北极暖化对瑞典社会、政治、环境和经济发展产生较大影响，包括北极生态环境保护、生物多样性、土著人民权益保护都将成为瑞典政党难以回避的治理议题。瑞典在欧洲层面制定共同北极政策的方法也具有代表性，毕竟瑞典在北欧次区域防务与经济合作中发挥了重要作用。

第一节　瑞典的政府系统

瑞典是北欧国家，位于芬兰和挪威之间，与波罗的海、波的尼亚湾、卡特加特和斯卡格拉克接壤，面积44.9万平方公里，截至2019年总人口为1015.8万人。斯德哥尔摩是瑞典首都，其他大城市包括哥德堡、乌普萨拉和马尔默等。瑞典虽然人口稀少，但约有15%的陆地总面积位于北极圈以北。

一、行政机构

瑞典是君主立宪制国家，国王的职责是礼仪性的，不论性别，国王的第一个孩子都可以继承王位。如今，国王卡尔十六世·古斯塔夫是瑞典的国家元首。瑞典政府存在国家、省、市三级结构。瑞典所有的省和市都是“瑞典地方政府和地区协会”的成员。

截至2020年12月，瑞典的国家政府机构共有341个。虽然内阁的许多日常事务实际上是由个别部长决定，但各部的规模普遍较小。在涉及政府重要决策事宜时，负责的部长通常会召集调查委员会对相关措施进行评估。该委员会通常可能包括反对党的政治家、劳工代表、科学家和公务员。在政府立法之前，他们提交一份报告作为参考背景资料发送给各个机构和组织，以征求各方意见。①

几乎所有的内阁部长都是执政党成员，同时也是议会成员，但偶尔也会邀请一名独立专家任职。内阁采用集体责任原则，整个内阁对所有政府决策负责。因此只要内阁能够保持议会的支持，它就是政治体系中的关键决策中心。换言之，一旦出现执政危机，则内阁会集体辞职。瑞典政府的主要职能包括：向议会提交法案、执行议会决定、分配议会拨款用于预算项目的支出、代表瑞典出席国际会议、与其他国家签订协议、指导行政部门的工作等。②

瑞典拥有21个省，省长由国家政府任命，每个省设有一个省

① D. J. Sagar, Political Parties of the World, 7th edition, London: John Harper Publishing, 2009, pp. 459 – 462.

② Neil Schlager and Jayne Weisblatt, World Encyclopedia of Political Systems and Parties, New York: Facts on File, 2006, pp. 1278 – 1290.

议会，省议会有权征收所得税并管理医疗保健、教育和职业培训以及区域交通。瑞典拥有 290 个市，每个市设有一个市议会，市议会有权征收所得税和各种服务费。市政府除了征收税款，同时负责广泛的设施维护和提供服务，包括街道维修、污水处理、供水、教育、公共援助、儿童福利、住房和养老等工作。市政府选举与市议会选举同时进行。①

二、立法机构

瑞典议会是立法机构，实行一院制，共 349 个议席，全国各政党按得票比例分配议席，议员任期四年，议会大选每四年在当年 9 月的第二个星期日举行。一个政党必须在选举中获得至少 4% 的选票才能在议会中获得代表权，这一规则旨在防止非常小的政党进入议会。议会议长提名首相人选，然后议会投票表决。首相推选各部部长组成内阁，首相和各部部长共同组成政府。政府管理国家，但对议会负责。大多数议员的个人提案是政府法案的修正案，还有一些议员的提案是代表不同政党对政府提案的意见。

议会任命 1 名议长、3 名副议长和常务委员会，各党派所占议席数与其实力成正比。这些职位由各政党协商任命，并共同组成议会主席团。议会议程的管理由议长大会负责，议长大会由议会主席团以及每个政党的 1 名核心成员、议会常务委员会主席和议会行政委员会副主席组成。所有法案都提交给常务委员会进行审议，审议结果将向议会全体成员报告。议会可能会要求就各种问

① Sweden Sverige, "Swedish government", https://sweden.se/life/democracy/swedish - government, 2021 - 11 - 02.

题进行协商性（非约束性）公投；如果议会有三分之一的人提出要求，可以就宪法修正案举行决定性的（有约束力的）全民公决。

三、司法机构

瑞典的法院分为三级，即最高法院、中级法院、初审法院。最高法院由16名政府任命的终身大法官组成，并对民事和刑事案件做出终审判决。此外，瑞典还设立了28个行政法院，负责行政诉讼等案件。

瑞典的检察院也分为三级：国家检察院、中级检察院、区级检察院，此外，还设立了专门针对经济犯罪案件的检察院。国家检察院的检察长由中央政府任命。国家检察院还设立了独立检察官，负责监督政府机构，并对议会负责。

第二节 瑞典的政党政治与主要政党

一、政党政治

目前瑞典议会共有8个政党，分别是：社会民主党、温和党、瑞典民主党、中央党、左翼党、基督教民主党、自由党、绿党，其中社会民主党起主导作用。当前瑞典议会（2018—2022年）各党派所占的议席数分别为：社会民主党100席、温和党70席、瑞典民主党62席、中央党31席、左翼党27席、基督教民主党22

席、自由党20席、绿党16席。①

就瑞典政党政治的氛围而言，政党在引导社会舆论、为选民提供政治知识、参与和承担国家治理责任方面发挥重要作用，因此，瑞典各政党的活动能够获得公共资金的支持，并自行决定如何在地方或中央层面使用资金，例如用于拉票、竞选等，且不受公共监督。来自国家和瑞典议会的财政支持为每年约 4.7 亿瑞典克朗，是瑞典主流政党的主要收入来源。对于在议会中有议席的政党，议席数量决定了获得政府资助金额的大小；在议会中没有席位的政党也可以获得政府资助，前提是这些政党在最近两次议会选举中至少获得了全国 2.5% 的选票。

瑞典国家对议会党派的支持包括政党援助和办公援助两种：政党援助按议会中每个席位的贡献度支付，截至 2018 年 10 月 15 日，政党援助金额为每个席位每年度 31.8257 万瑞典克朗。办公援助支付给议会各党派，包括基本供款和补充供款。每个政党所获得的基本供款约为每年 580 万瑞典克朗。执政党每个席位可获得每年 1.635 万瑞典克朗的补充供款，非执政党每个席位可获得每年 2.43 万瑞典克朗的补充供款。②

除了国家对全国政党的资金支持外，议会各党派还为议会党团成员的活动提供财政支持。支持内容包括：资助基本活动（每年 170 万瑞典克朗）、资助本党的政治顾问（每位每月 6.31 万瑞典克朗）、资助议员出国考察（议会前 20 个席位的每位成员为

---

① Sveriges Riksdag, "Parties Represented in the Riksdag and Number of Members", https://www.riksdagen.se/en/members-and-parties/, 2021-10-22.

② Sveriges Riksdag, "Distribution of State Support to the Riksdag Parties", https://www.riksdagen.se/en/how-the-riksdag-works/the-work-of-the-riksdag/the-parties-at-work/, 2021-11-02.

5000 瑞典克朗，其余席位为 2500 瑞典克朗）、资助议员的语言培训（每位每年 2000 瑞典克朗）。

市镇和县议会也有权但没有义务向政党提供财政支持。这些公共资金使政党能够长期从事政治活动，而无需依赖捐助者。

来自同一政党的议会成员组成一个党团。瑞典党团在议会工作和政治生活中具有强大的影响力。党团有自己的秘书处，与党团的其他部门密切合作。党内成员在各自岗位就位之前，所有重要事项都在党团中讨论。

党团的工作是按照所在党派的规则和惯例进行的。在实践中，不同党团的工作程序有很多相似之处。议会党团通常由董事会或顾问团领导，绿党则称这个机构为协调小组。党团长负责党团的日常业务。在瑞典议会中，议会党团的成员对本党派思想路线的忠诚度很高，全力支持本党实施的选举计划。议会党团的工作一方面受到该党身份（是在野党还是执政党）的影响，另一方面则取决于执政党在议会中是否占多数。对于一个政党来说，在议会的工作是参与政府决策并努力获得对这些政策的支持。对于反对党来说，主要任务是提出政府政策的政治替代方案，并为自身赢得多数席位。

在党团会议中，董事会负责准备议题，这些会议不对公众开放。党团会议不仅讨论重要的议员个人议案，同时也在政党议案中指明立场。由于议会工作涵盖社会所有领域，而议员必须对每个领域具有专业知识，因此，党团分为不同领域的分委员会。所有重大问题都由党团讨论决定，除此之外则由相关分委员会的代表负责。毕竟在实践中，议员们不可能都深入了解议会每年做出的数千项决定。

每个党团及其成员都会得到本党秘书处的协助，秘书处配备了相关专家、政治顾问和辅助人员。政治顾问负责收集信息、准备政治文本草稿、处理媒体关系、回复电子邮件并为成员提供建议。通常而言，每一位党团成员都配备有一名政治顾问，每位政治顾问每月获得约6.31万瑞典克朗报酬。秘书处的规模因议会党团的规模而异。各政党及其秘书处可以免费使用瑞典议会大厦的办公场所和技术设备。

二、主要政党

（一）社会民主党

社会民主党成立于1889年，在瑞典有9万名党员。[①] 该党奉行改良主义，主张保持和发展福利制度，积极参与国际合作。

社会民主党在瑞典全国拥有2500个社会民主党协会，每个社会民主党党员都是社会民主党协会的成员。这些协会常以社区为单位，协会党员选举产生协会委员会，以执行党务工作。社会民主党协会的上级组织是所在城市的工人自治会，社会民主党在瑞典拥有290个工人自治会，工人自治会选举产生所在城市的社会民主党委员会。而工人自治会分属于26个党区，党区负责整个地区/选区的政治工作，党区也有一个常设委员会，以在地方议会中代表社会民主党。

社会民主党的主要政策主张包括以下几个方面。

第一，环保政策。社会民主党致力于将瑞典建成世界第一个不使用化石能源的国家。瑞典在欧盟和联合国推动世界各国履行《巴黎气候协定》的承诺；增加公共交通，通过铁路和轮船运输更多的货物，

① Socialdemokraterna, "Så funkar vår organisation", https: //www. socialdemokraterna. se/vart - parti/om - partiet, 2021 - 11 - 01.

减少航空碳排放；增大对碳减排项目和工业科技研发的投资；通过将可再生能源混合到汽油和柴油里、奖励购买绿色汽车、执行欧盟设定的汽油和柴油汽车停驶日期等方式减少道路交通的碳排放；加快资源回收再利用速度，实现可持续的消费和循环经济。①

第二，安全政策。社会民主党奉行和平、稳定、独立的安全政策。一是坚持将军事结盟自由作为瑞典外交和安全政策的重要基石。二是积极参与由北约领导、得到联合国支持的维和行动，支持瑞典参与北约快速反应部队。三是坚持本土防御政策，建立现代化、大众化的高效国家防御体系，实施普遍义务征兵制。四是希望瑞典通过其在安理会中的地位和对联合国的长期承诺，通过多边外交方式，继续解决国际裁军问题，以更好地处理危机、保护国际法并促进国家社会发展。

第三，移民政策。社会民主党认为劳务移民是一种劳动力市场的有益补充，但需要本国人优先，只有在瑞典无法找到合适的劳动力时，才应允许劳务移民。需要短期培训或无需培训的工作应主要提供给瑞典的失业人员；应对劳动力市场的需求进行审查，本国不缺乏劳动力的职业不得向欧洲经济区以外的人开放。

第四，经济政策。社会民主党认为公共秩序是瑞典经济政策的基础，致力于通过绿色经济来推动瑞典的经济发展。社会民主党将投资创造未来就业机会的领域：气候变化、社会福利、数字化和环境技术；需适当减少中央政府的债务，在医疗、养老和学校方面投入资金，提供更多的如教师、护工、护士和警察等就业岗位；坚持社会公平性，失业者必须满足明确的就业要求，才能从事下一份工作；因新冠病毒感染疫情而失业的人群，必须拥有

① Socialdemokraterna, " Klimat ", https://www.socialdemokraterna.se/var-politik/a-till-o/klimat, 2021-11-04.

安全的失业保险基金；对于就业困难人员提供就业培训等。

第五，科研政策。社会民主党致力于将瑞典建设成领先的科技研发国家。具体措施包括：提高所有高等教育机构的最低研究资源水平；增加免费研究的基本资金；制定十年研究政策协议，以便瑞典制定长期的研究和创新政策；改变科研院所和高校的资源分配体系；改善博士生和研究人员的工作条件，加强研究中的性别平等；促进强大的战略研究，改善教育环境；推动企业和学术界在基础研究和面向未来的应用研究领域之间的密切合作；从跨党派合作的视角出发，构建一个既能保障免费研究，又能激励研究人员与企业加强合作的综合治理和资源调配系统。

表5－1　瑞典社会民主党参加历届议会选举结果一览表（1988—2018年）

选举年	得票数	得票比例（%）	议席	执政情况
1988年	2321826	43.2	156／349	少数政府
1991年	2062761	37.7	138／349	反对党
1994年	2513905	45.2	161／349	少数政府
1998年	1914426	36.4	131／349	少数政府
2002年	2113560	39.9	144／349	少数政府
2006年	1942625	35.0	130／349	反对党
2010年	1827497	30.7	112／349	反对党
2014年	1932711	31.0	113／349	联合少数政府
2018年	1830386	28.3	100／349	联合少数政府

笔者自制。

（二）温和党

温和党全称为温和联合党①，成立于1904年10月17日，下

① 温和联合党曾取名为右翼国家组织和右翼党，1969年改为现名。

设青年组织——温和青年联盟，2010年党员人数为5.56万人。①温和党奉行自由保守主义和亲欧洲主义，是欧洲人民党的成员。

温和党的意识形态较为接近传统的古典自由主义，支持自由市场经济、私有化、减税和小政府，但同时也拥护社会福利国家制度。近年来，温和党采用实用主义思维，放弃了比例所得税制度和增加国防支出等政策主张，转而倡议维护瑞典国内劳动力市场平衡，积极促进本国人就业，打破无差别失业救助制度。在瑞典防务安全方面，温和党主张放弃中立政策，加入北约。同时，温和党主张减少对外援助支出，并积极参加欧盟的军事行动。总体而言，温和党的核心议题包括五个方面：经济发展、失业救济、私有经济、公共教育、税收。温和党的主要支持者包括企业家、公务员、私营业主和雇员，以中老年人为主。

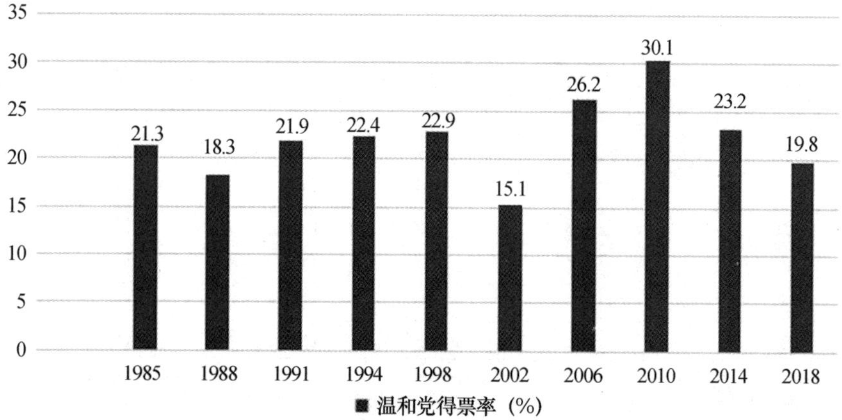

图5-1　瑞典温和党参加议会历届选举的得票率（1985—2018年）

笔者自制。

---

① Tommy Moller, Political Party Dynamics and Democracy in Sweden: Developments Since the "Golden Age", London Routledge, 2020, pp. 17-48.

（三）民主党

民主党是瑞典第三大政党，是右翼民粹主义政党，成立于1988年2月6日，2015年该党党员人数近2万人，下设青年组织——青年瑞典人。民主党的意识形态包括：瑞典民族主义、右派民粹主义、欧洲怀疑主义。

在2018年瑞典议会大选中，民主党获得62个议会席位。该党虽然声称坚持民族主义和保守主义，但绝大多数瑞典政党都拒绝与之合作，唯有温和党与民主党存在部分合作的空间。

表5-2 民主党在瑞典议会的得票情况（1988—2018年）

选举年	得票数	得票率（%）	议席
1988	1118	0.0	0/349
1991	4887	0.1	0/349
1994	13954	0.3	0/349
1998	19624	0.4	0/349
2002	76300	1.4	0/349
2006	162463	2.9	0/349
2010	339610	5.7	20/349
2014	801178	12.9	49/349
2018	1100662	17.6	62/349

笔者自制。

第三节 瑞典北极战略决策的政党因素

瑞典是第一个建立环保机构的国家，瑞典99%的固体废物回收利用或用于生产沼气。尽管瑞典非常重视环境保护，但其林业管理法律很宽松，而且经常将伐木的决定权交给木材公司。这种松散监管的结果造成瑞典北方生物资源丰富的原生森林（以榉木、橡木和其他灌木为主）被成片砍伐，并且人工造林的树种大多是来自北美的黑松和云杉。树种单一造成瑞典2000多种森林栖息物种面临生存威胁。[①] 此外，瑞典北部拉普兰省的铁矿石开采导致了重金属污染、土地污染、水污染和动物栖息地被破坏等环境问题。

瑞典承诺到2050年实现零碳排放。瑞典北部是瑞典极地研究秘书处监管的多个气候研究站的所在地，包括能够进行冰川监测和永久冻土研究的大气雷达设施和野外站。与北极圈的其他地区一样，瑞典的北极地区正面临着世界上最严重的暖化和降水增加问题。这种变化会导致更大的水流量、土壤条件的变化以及更极端的天气模式。瑞典已将气候变化减缓和适应研究作为其国家北极政策的重中之重。气候变化使瑞典北部原住民萨米人崇尚自然的文化传统与产业发展面临极大威胁。

瑞典的外交政策坚持多边主义原则，为此，瑞典一直呼吁欧盟内部进行密切合作，并以此作为与邻国实现和平、安全与稳定的可靠途径。2020年9月29日，瑞典外交部公布了《瑞典的北极地区战略2020》，提出了瑞典与北极地区相关的目标和主要优先事项，并在六个领域确定了北极工作的政治方向：国际合作、安全稳定、环境保护、极地研究、可持续经济发展、确保福利制度。该战略文件与瑞典之前在北极地区的战略文件相比，出现了显著的变化，主要表现为在重申瑞典与美国长期国防和安全关系的同时，强调了欧盟、德国、加拿大作为瑞典追求其北极利益的

① 赵思语、耿利敏：《中国与瑞典林业生物质能源产业政策对比分析》，《世界林业研究》2020年第2期，第90—94页。

重要伙伴。

一、北极战略决策的欧盟因素

欧盟是瑞典最重要的外交政策舞台，对于只有近1000万人口的瑞典来说，一个强大而团结的欧盟至关重要。瑞典外交和安全决策的原则立场始终保持与欧盟的一致性，其北极政策的基调是中立和积极合作。在北极治理议题上，瑞典必须加强与欧盟在外交和安全领域的政策协调。瑞典将在欧盟范围内开展环保游说，呼吁各欧盟成员国践行碳减排措施。高举环保牌的举措使瑞典被视为绿色经济的领导者，不仅增强了瑞典的软实力，还为瑞典的低碳科技企业开辟了一个新的市场，毕竟瑞典的绿色科技企业处于全球领先地位。瑞典的垃圾回收公司 Envac 在印度的快速扩张就是一个很好的例子。2017 年 6 月，瑞典推出了迄今为止最雄心勃勃的气候政策框架，该框架设定了到 2045 年实现温室气体零排放的目标，总体目标是为国家气候政策提供一定程度的秩序和连续性，同时将国家及私营部门转变为应对气候变化的主导力量。

需要指出的是，瑞典还在联合国、北约、北极理事会等国际组织中围绕气候变化对北极的影响等议题倡导北极知识建设与共享。未来，可能会出现一个由瑞典主导的北极地区危机管理框架，以指导各国在北极生态环境大规模恶化时所进行的合作。此外，瑞典紧密依靠北极国家的合作来制定共同的北极环保政策。

二、北极战略决策的安全因素

瑞典长期坚持中立政策，不仅有利于自身安全，而且有助于维护北欧的稳定。在北极政策方面，瑞典特别重视与芬兰的合作，其次是在北欧合作范围内与其他斯堪的纳维亚和波罗的海国家的合作，尤其是积极推进政府间的北欧部长理事会，[①] 并在北欧理事会框架下开展议会合作，共同探讨北欧防务合作组织等议题。[②] 正如其 2011 年和 2016 年的北极战略文件所述，瑞典的既定目标是鼓励在北欧理事会内就北极相关项目和问题进行更多讨论。

维护波罗的海地区的战略稳定是瑞典各大政党的共同关注点。瑞典通过 N5 +3（北欧五国和波罗的海三国）或北欧防务合作组织等多边平台，在波罗的海和北欧国家之间进行密切合作。虽然瑞典倾向于与欧盟进行协调，但鉴于欧盟缺乏防御和军事机制，这种协调在性质和范围上都有限。因此就目前国际形势而言，保持与美国的军事合作关系，是瑞典国家防务的基本原则。

由此可见，瑞典的战略重点仍然位于波罗的海，这也是为什么瑞典政府迄今为止公布的外交和国防政策中很少提及北极的原因。对于瑞典的政党和国会议员而言，北极问题似乎更像是一个北欧国家共同面临的政策领域，瑞典作为北欧北极国家之一，最符合本国北极利益的做法，应当是与欧盟和北欧防务委员会合作处理北极事务，前者适用于在欧盟框架下制定共同的外交政策，而后者则适合与美国一起解决传统安全问题。为此，瑞典优先加

---

① 北欧部长理事会成立于 1971 年，是由北欧国家政府所组成的合作论坛。北欧部长理事会主席任期一年，由五个北欧国家轮换担任，在理事会上提出的决议均需全体一致通过方可实行。

② 北欧理事会是北欧五国议会间的协调组织，亦是北欧五国政府的咨询机构，成立于 1952 年，成员国包括瑞典、挪威、丹麦、冰岛、芬兰。宗旨是：讨论有关北欧各国共同利益问题，探讨合作途径，向北欧部长理事会和北欧各国政府提出建议并促进建议的实现，以加强和扩大北欧各国间的合作。

强北欧—跨大西洋关系，并将北极挑战演习（芬兰、挪威和瑞典空军的联合演习）进一步发展为常态化的高强度空战演习。

北欧防务合作组织在成立之初就考虑到了成本效益，近年来这一点变得越来越重要。美国对北欧国家的安全承诺含糊不清，北约不愿或无力制定明确的北极战略，这使得北欧国家开始重新评估北欧防务合作组织的重要性，并鼓励各成员国在北极安全问题上进行协调行动。然而，鉴于挪威、丹麦、冰岛是北约成员国，而且这三个国家都曾反对制定统一的北欧防务战略，因此瑞典必然加强与芬兰的关系。芬兰的安全直接关乎瑞典的安全，因为任何对芬兰领土完整构成的威胁都被视为对瑞典领土的威胁。因此，有理由认为瑞典在北极方面的防御计划更倾向于协助芬兰。瑞芬两国也是北欧防务合作组织的核心国，常常将本国安全问题与北欧地缘安全融为一体。同时，两国有着密切的商贸联系，因为大部分运往瑞典的货物都是途经芬兰运输的。此外，随着芬兰计划通过建立北极—欧洲铁路和跨国隧道网络将自身打造成北极物流中心，瑞典将迎来重大的经济发展机遇。这为瑞典和芬兰的北极政策协调与合作提供了强大动力。

三、北极战略决策的经贸因素

确保自由国际秩序及与其伴随的自由贸易实践，事关瑞典的国家安全和利益。因此，瑞典各政党都主张欧盟应在确保自由贸易方面发挥关键作用，并通过欧盟影响世界其他地区，以追求开放的贸易和投资政策。瑞典的贸易方针表现为：继续推动欧盟开放的贸易政策，降低关税，逐步取消贸易壁垒，促使服务贸易和数据流动便捷化。

瑞典经济面临着保持和扩大其全球市场份额的挑战。为此，瑞典政府积极促进中小型企业的海外投资。关于北部领土的经济开发问题，瑞典社会各界一致认为应该发挥当地企业的作用，在提供相关服务和产品的同时创造就业机会，解决该地区面临的社会经济挑战。为此，瑞典政府鼓励本国私营企业直接或间接地在本国北极地区进行投资，与当地公司合作创业。瑞典的这些激励措施，得到了芬兰和挪威的赞同，芬挪两国同样将北极地区经济发展列为本国北极政策的优先事项。鉴于其脆弱的生态系统和严格的环保措施，瑞典北极地区的公司积极研发环保科技，随后，瑞典政府将这些具有瑞典知识产权的环保技术出售给其他推行绿色经济的国家。

此外，瑞典政府正在制定以绿色采矿业为代表的新工业化战略。瑞典的采矿业集中在矿产丰富的芬诺斯堪底亚地区，是瑞典的重要经济支柱，也是税收的主要来源，为瑞典的经济增长做出了重大贡献。瑞典拥有最先进和对环境影响最小的采矿技术，而生态环境脆弱的北极地区蕴含着丰富的矿产资源，北极航道开发使瑞典采矿企业可以通过赢得其他北极国家的项目或向其他采矿运营商出售其服务和专业知识来扩大市场份额。

全球各地正在进行大规模城市化进程，而城市建造需要大量的矿产资源，在全球环境政治的语境下，国际社会对“绿色矿业开发”的需求将不断增加。因此确保北极地区拥有可持续的海陆物流系统对瑞典的经济增长至关重要，特别是瑞典大部分矿山和新矿建设计划都在萨米人聚居的北部地区，这也为瑞典政党加大对萨米人社区的影响力提出了时代要求。

第六章　芬兰政党政治与北极战略

芬兰国土面积33.8万平方公里，人口550万（2017年），多数为芬兰族，其次为瑞典族和萨米族。芬兰近70%的人信奉基督教路德宗，1.1%的人信奉东正教。

第一节　芬兰的政府系统

一、行政机构

芬兰是议会制国家，狭义的芬兰政府指由总理和各部部长组成的政府，而广义的芬兰政府则意味着由政府部门和全体议事机构组成的组织实体。总理办公室负责监督政府计划的实施情况，并协助总理全面管理政府。总理办公室协调芬兰的欧盟政策并负责监督国有企业对国家指导方针的落实情况，同时负责政府各部门间通信、国际政治经济态势研判、防务与国家安全服务，并协调对突发性事件和紧急情况的危机管理。①

---

① D. J. Sagar, Political Parties of the World, 7th edition, London: John Harper Publishing, 2009, pp. 199 - 202.

芬兰总统在参考新一届执政党联盟就政治纲领和政府组成所达成的谈判结果以及议长意见后，将总理提名人选通知议会。总理最终人选由议会选举产生，然后由总统正式任命，同时总统根据总理的提议任命其他部长。新政府成立之后将产生部长委员会，目前芬兰有四个法定的部长委员会：外交和安全政策部长委员会、欧盟事务部长委员会、财政部长委员会和经济政策部长委员会。此外，各部部长的就座顺序由总理办公室来统一协调，通常而言，这由部长资历长短来确定。

芬兰总统拥有外交和解散议会的权力，而总理则领导内阁行使大部分的行政权。芬兰实行行政区—市镇两级行政体制。芬兰共有 19 个行政区，309 个市镇，其中奥兰区具有高度自治权。

二、立法机构

芬兰是多党制国家，任何一个政党都难以在议会选举中获得绝对多数，因此各政党采取联合执政的策略。通常在议会占多数席位的政党党魁将自动成为总理。

芬兰实行一院制，议会是芬兰的立法机关，共有 200 个议席。芬兰议会的选举制度采取比例代表制，议会职责包括：颁布法律、推选总理、核准国家预算、批准政府计划、批准国际条约等。①

议员按政党组成议会党团，在议会实际工作中发挥着关键作用。每个议会党团选举自己的主席团和其他机构。法律没有强制要求议员加入议会党团，但通常每位议员都会承担其所在政党的议会党团的一部分工作。党团会议事项由该议会党团主席团准备。

---

① Neil Schlager and Jayne Weisblatt, World Encyclopedia of Political Systems and Parties, New York: Facts on File, 2006, pp. 433 - 441.

议会党团会讨论当前政治议题，并决定本党团对其的态度。如果讨论中出现分歧，可以就行动路线进行表决。但是，议会党团通常会争取一致的决策结果。议会党团的主席团任务还包括向其他议会党团宣告本议会党团的政策立场。

三、司法机构

芬兰的司法权通过最高法院和最高行政法院系统行使。芬兰最高法院是芬兰处理民事、刑事等方面诉讼的最高法院。芬兰最高法院由 1 名主席和 18 位常任法官组成；针对特定案件，由 5 位法官组成专案组。最高法院的职能是裁决那些具有较大社会影响力的案件，并对将来类似案件的裁决做出指导。

芬兰最高行政法院成立于 1918 年，是芬兰处理行政事务的最高法院，负责监督下级政府部门执法过程的合法性。此外，芬兰最高行政法院具有执行上诉法院的功能，其上诉许可系统几乎涵盖各类案件，表明最高行政法院在司法和行政执法方面皆具有主导性和权威性。最高行政法院包括 1 名主席和 20 位常任法官。

芬兰没有专门的宪法法院，但议会会委托宪法委员会对新制定法律与宪法的兼容性进行预先监督。1995 年，芬兰加入欧盟后，积极参与制定新的欧洲立法，现在芬兰法律和欧盟法律在芬兰司法机构中都适用。

第二节　芬兰的政党政治和主要政党

一、政党政治

芬兰的所有主流政党都被认为是群众性政党，拥有大量按时缴纳党费的党员。大多数芬兰政党都有相同的金字塔式组织结构，例如拥有大量的地区基层党组织、省级党组织以及全国党代会、党务执行机关和中央局。地区基层党组织通常是按居住地而不是职能来界定，其主要任务是招募新成员，组织会议、娱乐活动、集体政治学习，开展培训课程，分发党的文件等。省级党组织的作用是协调和支持基层单位的工作，并将基层单位与党的中央领导联系起来。地区基层党组织大会选出一个由10—20名成员组成的地区执行委员会来指导地区层面的党务工作。

全国党代会是党的纲领、规则和资金收支的主要决策机构。参加全国党代会的代表是地区基层党组织通过民主投票选出的。左翼政党倾向于更集中的行政管理，同时强调普通民众的民主参与。非社会主义政党更倾向于地方分权，但成员更依赖各级党组织的领导。每个政党还积极赞助其下属的女性、青年和学生组织。一个政党的成员与其议会党团之间的关系往往随着意识形态的变化而变化，议员的独立性在右翼政党中最大，在左翼政党中最小。总体而言，议员代表的是其所在的政党，而不是他来自的选区。议员候选人名单由地区政党组织确定，左翼政党的议员候选人通常积极寻求普通党员的支持，而中右翼政党则较少发动普通党员来支持其议员候选人。

政党的竞选活动以常设党组织为中心，辅以专门的选举委员会和其他助选组织。对候选人的宣传是在各级行政区域进行的，但芬兰国内近年来出现了统一政党宣传口径的趋势。竞选活动包括巡回演讲、助选与募资集会、在纸媒刊文、发送宣传电子邮件、挨家挨户游说、张贴海报、印刷宣传广告和进行广播辩论。随着近年来竞选费用的激增，芬兰主要政党的竞选支出不断增多。政党竞选资金的来源主要包括：私人捐款、党产营业收入、出版物稿费和辅助组织的收入等。虽然党费是政党运转资金的来源，但党费通常只占各政党总收入的10%左右。需要指出的是，虽然大多数选民是根据候选人的党派关系来进行投票，但独立选民仍占芬兰总选民的六分之一。鉴于芬兰各党派的选民基础相对稳定以及多党派共存的现状，芬兰大选往往受到这些独立选民的影响。

二、主要政党

（一）社会民主党

社会民主党成立于1899年，是芬兰四大政党之一（其余三党是中间党、民族联合党、正统芬兰人党），政治立场为中间偏左，意识形态为社会民主主义。社会民主党党员约为6万人，下属青年组织是社会民主青年组织。社会民主党是社会党国际和欧洲社会党的成员。2019年芬兰议会选举中，社会民主党以17.7%的优势成为议会第一大党，拥有40个议席。社会民主党多次执政并加入联合政府，制定了芬兰的很多基本国策。

在《芬兰2030——社会民主党的未来路线》中,[①] 社会民主党展示了未来的主要政策主张。

一是推动建立可持续的全球治理。社会民主党全球政策的目标是推动芬兰快速实现生态、社会和经济可持续发展，希望通过支持经济振兴和加强新的多边合作来提升芬兰发展政策的国际形象，并改革芬兰的联合国政策。

二是推动文化创新与文化包容。社会民主党一直致力于将芬兰建设成欧洲文化强国，其文化政策聚焦于文化生活的可持续创新。对社会民主党来说，有活力的文化生活是良好社会的重要组成部分，其文化政策的内容包括：有效的立法、良好的规划、充足的公共资金和营造文化多样性的公平氛围。此外，芬兰以教育闻名于世，社会民主党力图将芬兰建成全球一流教育的引领者。社会民主党在《2030芬兰教育和文化发展的长期愿景》中表示，将对继续学习制度进行改革，建立一个能让每个人继续学习的社会，让每个芬兰人都能掌握改变工作生活所需的技能，并认为政府的所有决策都应基于科研信息和实地调研。社会民主党将发展具有灵活上课日的小学，推进大城市和小城市的教育平等和优质教育资源共享，确保所有青年人都具备现代社会所需的教育和技能。

三是到2035年实现碳中和。芬兰北部的自然环境对气候变化特别敏感。社会民主党将采取积极有效的行动来应对气候变化。到21世纪中叶，社会民主党政府希望将芬兰建成碳负型社会，大力发展碳负经济。由于社会民主党的政治影响力大，其他政党无论是否执政，都须与之合作。因此，社会民主党可以被视为芬兰

---

① Sosialidemokraatit, "SDP: n eduskuntavaaliohjelma 2023", https://www.sdp.fi/eduskuntavaalit-2023/vaaliohjelma/.

政党政治的主要力量之一。

（二）正统芬兰人党

正统芬兰人党又称芬兰人党，成立于1995年5月11日，是当前芬兰议会的第二大党。正统芬兰人党是一个保守主义政党，其意识形态包括：民族主义、民粹主义、社会保守主义、欧洲怀疑主义，其政治立场是右翼至极右翼。目前，正统芬兰人党属于欧洲自由民主党团成员，2019年在芬兰议会中拥有39个议席。

正统芬兰人党作为芬兰国内最大的疑欧政党，反对欧盟的移民政策，尤其是反对引入非欧盟国家的移民。此外，该党在社会议题上态度较为保守，反对堕胎、同性恋婚姻等。正统芬兰人党的政策主张包括四个方面：

一是反对外来移民。正统芬兰人党认为芬兰政府的首要任务是提升芬兰人的福利和安全。大规模外来移民将导致芬兰人口结构的变化，使芬兰人面临恐怖主义、针对女性和儿童的暴力犯罪、社会管理成本激增等社会不稳定因素。正统芬兰人党主张执行严格的移民控制和遣返非法移民，完全停止人道主义移民，转而推进实地危机救援；削减不必要的公共资金支出，包括对外来移民的援助、应对气候变化措施等，应将政府资金用于维护医院正常运转、社区卫生服务、教育和市政基础设施等方面。①

二是奉行“芬兰人利益优先”的经济政策。正统芬兰人党认为，捍卫芬兰和芬兰人的利益是制定经济政策的核心，因此必须对芬兰的税收制度进行全面改革。包括：削减住房、能源和交通的高税率，简化对中等收入者的工资税。在设定目标时，坚决奉

① Perus，“Maahanmuuttoon suunnanmuutos”，https：//www. perussuomalaiset. fi/haluamme - maahanmuuttoon - suunnanmuutoksen/，2021 - 11 - 03.

行经济现实主义，减少政府负债率，以平衡公共财政收支。此外，正统芬兰人党认为，履行碳减排承诺会加重芬兰中低收入阶层的负担，因此不能对所有产业都实行碳减排政策。由于芬兰的工业和出口业都是能源密集型产业，因此，正统芬兰人党认为芬兰的气候政策应与芬兰的发展利益和国际竞争力相适应。

三是打造福利国家的安全网。正统芬兰人党始终强调移民越多，就越难以维持良好的社会保障体系、工作条件和职业发展，移民的大量涌入造成芬兰社会日益严重的经济和公平失衡问题。由于芬兰管理外来移民所花费的直接和间接成本越来越高，这就造成芬兰本地人的高缴税额并没获得相应的高福利待遇，因此需要遏制移民所造成的芬兰福利系统碎片化趋势。正统芬兰人党认为，在芬兰工作、生活、养育子女的芬兰人在社会福利保障方面应优于移民，由于老龄化和低出生率导致有纳税能力的公民人数下降，公共资源需要更好地用于芬兰本国的老人、有孩子的家庭、病人和残疾人等弱势群体。

四是打造良好的教育体系。正统芬兰人党认为，小学教育质量的下降导致芬兰整体教育水平不断下滑，大学毕业生日益减少，职业教育也因政府的有限资助而举步维艰。尤其是新的课程设计与社会需求脱节现象较为明显，大量的教育资金投入多元文化和移民融合培训项目，而传统理工课程和师资得不到足够的资金支持。因此，正统芬兰人党反对将义务教育扩展到幼儿园阶段，认为此举不仅耗资巨大且受益者多为高生育率的外来移民，主张芬兰的教育投资应聚焦于培养合格的劳动力和维护有序的教育基础，而不是购买更多的数字教学设备和为移民学校提供特殊经费支持等。

（三）民族联合党

民族联合党成立于1918年，2019年成为芬兰议会第三大党，拥有38个议席。该党奉行经济自由主义、保守主义和亲欧主义，政治立场为中间偏右，目前属于欧洲人民党的成员，下属芬兰最大的学生政治团体——民族联合学生联盟。

民族联合党的政策基础包括四个方面：个人自由、西方经济和民主制度、人性化原则、平等。该党的基本价值观是教育、宽容、关怀与奖惩分明。民族联合党支持建立政治和经济全面强大的欧盟，并希望欧盟在全球治理问题上发挥更重要的作用。为了保护芬兰的国家安全，民族联合党主张放弃传统的中立原则，支持芬兰加入北约。该党的支持者大多来自于芬兰南部城市的市民，并受到企业主的支持。①

（四）中间党

中间党成立于1906年10月，原名为“芬兰农民联盟”，于1965年改为中间党，其工作重心始终在芬兰的农村地区。中间党奉行自由主义、农业主义、地方主义，是欧洲自由民主联盟党和自由党国际的成员，在欧洲议会党团框架下，分属欧洲自由民主联盟。2019年它在芬兰议会中拥有31个席位。中间党将爱国主义与国际主义相结合，以家庭、专业知识、就业与创业、绿色经济而闻名于世，其核心政治理念包括：公民责任与个体自由、社区发展与公济互助、教育公平、可持续发展。

中间党在《政策指引2019—2023》中设置了四项政策主张：

---

① Kokoomus，“K62020 – Kuusi kohtalonkysymystä kaksikymmentäluvulle”，https：//www. kokoomus. fi/kokoomus – k62020/，2021 – 11 – 02.

一是强调营建更宽松自由的工作生活氛围，使得芬兰人能够自由选择就业、居住、学习目的地。二是推动绿色经济和乡村振兴战略，促使芬兰经济可持续发展。三是改革人口政策，提升芬兰人口出生率，鼓励老年人退休再就业。四是提出解决家庭和小微企业债务问题的中短期行动建议，缓解芬兰的家庭负债和违约规模，降低芬兰小微企业的过度负债率。此外，中间党奉行亲欧盟政策，主张在加强欧盟的内部统一的同时，提升芬兰对欧盟决策的影响力。为此，在欧洲议会框架下，中间党加入了2019年成立的“更新欧洲小组”，该小组由欧洲议会中的中间派政治团体组成，认为经济增长、环境保护、公平竞争、企业责任是可以齐头并进的。①

第三节　芬兰北极战略决策的政党因素

当前，芬兰各政党频繁讨论北极领土安全问题，以应对不断变化的北极安全形势。冷战结束以来，芬兰作为中立国面临着国防支出不断攀升和北约的战略拉拢，使得芬兰在制定北极战略方面既需要考虑北极地缘安全因素，又要考虑本国的北极领土可持续发展因素，芬兰各政党都从双边—多边、北欧—欧盟层面来设计本国的北极战略。

① Renew Europe, “Priorities 2019 - 2024—Our Vision to Renew Europe: From Reflection to Action”, https://www.reneweuropegroup.eu/priorities, 2021 - 11 - 02.

一、芬兰制定北极战略的地缘政治因素

分析芬兰的北极战略需要简要讨论芬兰地缘政治背景及其国家政治经济的一些关键发展因素。随着冷战的结束，芬兰的外交政策开始更加明确地聚焦于欧洲和欧洲一体化。20 世纪 90 年代初是芬兰在各种多边合作政治机构中日益活跃的时期。巴伦支欧洲—北极区域成为芬兰北极外交的重点，例如北极环境保护战略本身就是芬兰的倡议，这可以被看作是芬兰在外交政策方面，特别是在与俄罗斯的关系方面，寻求更多回旋余地的一种尝试。

在 20 世纪的进程中，芬兰的政治经济发生了根本性变化。从第二次世界大战到 20 世纪 80—90 年代，芬兰经历了快速工业化时期，而林业等传统行业仍为人口提供就业、为国家提供收入。这也是芬兰成为福利国家的时期，国家通过其空间政策在促进国家领土凝聚力和平等方面发挥了关键作用。与芬兰向“知识型社会”的全面转型相对应的一个主要因素是芬兰工业从低增值生产向价值链较高层次生产的更全面转型。芬兰社会民主党政府在促进这一经济过渡方面发挥了积极作用。早在 20 世纪 80 年代，芬兰的国家预算就强调了“科学研究对提高国内生产竞争力的重要性”，在科学和技术上的公共支出被视为对提高国家竞争力的有用之处。在这些发展的同时，芬兰国家的空间政策更加注重核心城市区域的相关性和重要性。此时的城市地区被理解为人才和外国直接投资的竞争单元，这对推动经济增长至关重要：“竞争力”越来越被认为是有关空间单元的吸引力。由于这种政治合理性的运作，分散的空间结构被表述为国家寻求与全球资本和人才流动相

联系的障碍。①

芬兰强调吸引力、有效性以及创新能力，这使得其具有一定的国际竞争力，在2008年金融危机和随后的芬兰经济衰退时，芬兰政府积极寻求新的增长途径；同时，这也成为芬兰首次制定北极战略的时期。

二、北极战略决策的安全因素

防务自主原则是芬兰北极战略的核心。自冷战结束以来，芬兰国防政策更倾向于自由参与欧盟和北约在环北极地区的多国防务活动。由于芬兰越来越多地参与到北约的合作机构中，并且支持欧盟的北极战略，其防务自主原则受到外界质疑。芬兰的国防能力难以独自应对北极地区日益严重的集团性军事对抗，导致芬兰部分地区，尤其是北部地区出现国防资源不足的困境。

在芬兰，未来安全政策行动形成了跨党派协议的一部分。由于芬兰靠近科拉半岛的特殊地理位置，芬兰的安全政策深受北欧地缘政治格局的影响。因为科拉半岛被俄罗斯视为一个关键的军事要地。近年来芬兰军队经历了艰难的重组。例如，预备役部队的数量已经从2012年的35万人裁撤到如今的23万人。尽管芬兰的国防支出在欧洲国家中排名靠前，约占国内生产总值的1.3%，但是其在军费上的开支自冷战结束以来减少了近一半。② 最近一个

① Ahlqvist T. and S. Moisio, "Neoliberalisation in a Nordic State: From Cartel Polity towards a Corporate Polity in Finland", New Political Economy , Iss. 19, No. 1, 2014, pp. 21 – 55.

② SIPRI Year Book 2022, SIPRI, London: Oxford University Press, 2022, pp. 27 – 76.

跨党派的国会报告警告说，如果没有额外的资源，军方难以支持庞大的国防任务。

由于芬兰的跨党派联盟共同支持增加国防支出，芬兰政府已经在北约的问题上设立单独的部门。来自保守派阵营的民族联合党的前总统亚历山大·斯图布和来自自由派阵营的瑞典族人民党的国防部长卡尔·哈格伦德公开支持北约，认为芬兰顺理成章地应成为西方国家联盟的一员。相比之下，来自社会民主党的外交部长艾尔基·图奥米奥亚希望尽可能避免可能危害俄芬关系的任何举措，芬兰中间党也支持这一观点。芬兰民众长期以来反对加入北约，2015 年 1 月的调研数据表明，只有 25% 的芬兰人投票赞成加入北约。

当前，北极地区安全局势发展正在改变芬兰政府和各主要政党对国家安全利益的判断。它们日益认识到，芬兰自主防卫能力相对弱小，如果固守其军事非结盟战略，将不可避免地面临地区安全合作的伙伴选择问题。

尽管北约对进一步加强与芬兰的合作颇感兴趣，但是一些国家，尤其是波罗的海国家，担心根据《北大西洋公约》第五条的集体自卫原则，北约过度涉及非战略结盟国家的安全事务，将会面临整体防务能力被削弱的风险。因此这些北约成员国建议芬兰不应过于依赖伙伴关系，而需主动建立自身的国防能力，加强其他形式的安全合作。

芬兰的另一个选择是扩大“欧盟共同安全与防务政策”的覆盖范围。芬兰正积极深化长期的军事一体化，例如参与欧盟的北欧战斗群，从而为提升欧盟的地区危机管理能力做出贡献。

对于芬兰来说，欧盟的重要意义在于其拥有一个安全共同体的身份，并呼吁进一步实施和发展《里斯本条约》的互助条款。

然而，由于大多数欧盟成员优先考虑以北约作为欧洲安全保障，所以目前还没有形成集体安全的共识。欧盟军事一体化仍处于停滞状态，芬兰只能最大程度地增加自身的国防能力。

在依赖北约、欧盟安全保护日益困难的现状下，芬兰选择了进一步密切与北欧国家的双边军事合作关系。2014 年 5 月，芬兰与瑞典签署了深化防御合作协议，根据这一协议，两国军队在 2015 年 2 月发表了一个联合公告，确定了可行的合作领域并提出具体的实施路径。这个协议源自强大的安全利益驱动，但受到两国的财政预算限制。芬兰和瑞典的双边合作建立在实用主义基础之上，且局限在北欧地区没有出现大规模军事冲突的前提下。芬兰在北极地区的军事合作，如联合海军演习等日益频繁，但在安保思维方面则采取求同存异的策略，这有助于推动芬兰与瑞典等北极国家的战略协同效果。双方都将受益于紧密合作的国防政策，尽管这意味着必须承认两国的高度依赖关系。

2009 年，北欧防务合作组织成立，成为扩展安全合作的总体框架，其成员国有丹麦、芬兰、冰岛、挪威和瑞典。这种形式旨在确定有效联合应对安全事务，推动北欧国家间的协同合作。北欧防务合作组织的实践领域包括：战略发展、人力资源和教育、训练和演习、联合行动等。北欧防务合作组织受到宏观安全战略指引，基于实用主义的功能性需要。2011 年，波罗的海国家也加入了北欧防务合作组织。2014 年秋，北欧和波罗的海国家之间的国防合作得到进一步的深化和拓展。需要指出的是，北欧国家之间、北欧国家和波罗的海国家之间的防务合作水平处于不断发展的过程，并拥有巨大的象征意义。

对于芬兰这个在俄欧之间夹缝生存的国家来说，是否放弃中立政策，将直接影响北极地区战略格局的稳定，因此需要芬兰国内各个政党达成政治共识。当前，芬兰参与每个共同安全与防务合作的双边或区域合作的方案都面临资金不足的难题。从这一方面来说，以芬兰社会民主党为代表的主流政党，仍然坚持既有中立政策，加强现有的国际安全合作，将各类要素、各种利益诉求整合为一个连贯的整体安全与防务战略将有助于增强北欧地区的持久安全。

三、北极战略决策的经济因素

拉普兰位于芬兰最北端，由于北极圈穿过此地，因此在拉普兰可以看到午夜太阳和极夜等极地现象。拉普兰矿产资源丰富，芬兰一半以上的采矿作业都位于这一地区，芬兰各政党也都将拉普兰矿产开发作为芬兰北极战略的重点议题。当前，已经有五个新的矿产项目在拉普兰启动了环境影响评估程序。与芬兰的其他地区相比，拉普兰一直是一个经济较弱的地区，失业率高于芬兰平均水平。矿产的开发将极大推动拉普兰的经济发展，并提供大量的就业岗位。一方面，矿业是芬兰北部地区主要的经济支柱产业。矿业带来了新的就业机会，增加该地区的人口流动，并促进工商业各部门的发展。矿业项目也有利于维持和发展公共服务，并将深刻影响到拉普兰地区的生活方式。另一方面，采矿产生的噪音、灰尘和可能的有毒物质，可能对环境系统产生负面影响，对人们的健康构成危险。例如，由于尾矿风化的污染，诺特瓦拉矿区湿地中有毒元素的浓度显著增加，植被组成发生了显著变化，在污染最严重的地区，植物多样性下降了50%以上。①

① Narhi P., Raisanen M. L., Sutinen M. - L., "Effect of Tailings on Wetland Vegetation in Rautuvaara, a Former Iron - copper Mining Area in Northern Finland", Journal of Geochemical Exploration, No. 116, 2012, pp. 60 - 65.

此外，拉普兰的自然资源在传统上是由国家控制的，这让当地人，尤其是萨米人没有太多发言权。而且，矿业具有明显的周期性，一旦市场前景不好，矿业公司就会停止采矿。这些因素都令当地人感到担忧。

在芬兰中间党和“绿色联盟”等政党的推动下，芬兰出台了一系列措施来保障北极地区的矿业开发与可持续发展相协调。一是出台相应的法律法规。芬兰有关防止空气和水污染的主要法律文件是《芬兰环境保护法》，其基本原则包括谨慎小心原则、污染者付费原则等。芬兰的采矿法中也涉及一些环境问题，例如所有的公司申请许可证时，都必须进行一个全面的环境影响评估，然后由地区行政机构进行审查。芬兰的环境影响评估程序还要求公众参与。此外，由于芬兰是欧盟成员国，因此欧盟的一些环保指令也影响到采矿业的环境管理。① 二是一些矿业公司也会主动进行各种评估，以获取当地民众的支持，提升公司形象。有的公司会主动进行社会影响评估、社会影响管理计划等工作。②

从环境政治学的角度来看，芬兰北部地区的经济开发仍然面临核心动力不足的困境。在拉普兰，经济发展与人和自然的和谐共生紧密相关，矿业开发需要控制污染并获得当地民众的支持。如今，作为拉普兰地区新的经济增长点的旅游业，在宣传当地萨米人聚居区丰富的自然资源和人文资源的同时，其经济收益却难以充分惠及当地人民，原住民的参与水平常在低位徘徊。而在驯

① Söderholm K., Söderholm P., Helenius H., et al., “Environmental Regulation and Competitiveness in the Mining Industry: Permitting Processes with Special Focus on Finland, Sweden and Russia”, Resources Policy, No. 43, 2015, pp. 130 – 142.

② Lesser P., Suopajärvi L., Koivurova T., “Challenges that Mining Companies Face in Gaining and Maintaining a Social License to Operate in Finnish Lapland”, Mineral Economics, Iss. 1, No. 30, 2016, pp. 41 – 51.

鹿养殖业中，萨米人的传统文化和经济产业正面临日益严重的环保压力和强势产业部门的冲击。简言之，尽管芬兰各政党都不同程度地认识到北极开发对芬兰经济发展的战略意义，但拉普兰的经济发展历程表明：自然环境禀赋与经济发展规划之间存在着天然矛盾。虽然一些高举环保主义大旗的政党也提出了一些可持续发展的倡议，但是经济发展压倒了环境保护与社会公平，芬兰的北极战略离实现人与自然和谐共处还有相当大的距离。

第七章　丹麦政党政治与北极战略

第一节　丹麦的政府系统

丹麦人口约为592.8万人，其中约85%为丹麦人，74%的居民信仰基督教路德宗，丹麦语为官方语言。丹麦主要领土包括日德兰半岛和其余众多岛屿，其中菲英岛和西兰岛是两个最大的岛屿。此外，丹麦在大西洋上还有两个属地——法罗群岛和格陵兰。丹麦是君主立宪制国家，① 丹麦女王是国家元首，在与立法机关协商后任命总理（通常是议会中最大政党或联盟的领导人）和内阁部长。总理负责组建由20名部长组成的内阁。为了防止一党独大，多党制成为对内阁政府的主要限制因素。丹麦内阁在大多数情况下，通过在议会中游说来寻求更广泛支持；如果难以获得议会支持，则成为少数派内阁，大多数少数派内阁会围绕特定政策

---

① 1849年，丹麦国王腓特烈七世签署了《丹麦宪法法案》，将丹麦君主制转变为君主立宪制。这意味着君主仍然是国家元首，但权力有限，参见https：//denmark. dk/society - and - business/government - and - politics，2021 - 10 - 22。

与其他政党达成合作协议。①

丹麦自1849年起实行两院制，议会由上议院与下议院组成，原则上二者权力相等，只在所代表的选民上有所分别。1866—1915年，下议院选民只限于国王所委任的富翁，因此他们代表贵族制度和保守派。1953年6月5日通过的丹麦宪法改变了两院制，实施一院制，成立了今天的丹麦议会。丹麦议会共179个席位（法罗群岛和格陵兰各有两个名额），135个席位在17个大都市地区按比例代表制选举产生，另外40个席位进行自由分配。每个政党至少需要获得2%的全国选票方可获得议席。丹麦议会议员的任期为四年，但总理可以解散立法机关并随时呼吁进行新的选举。尽管丹麦实行多党制，但丹麦政府总体稳定，平均每三年举行一次新的选举。丹麦通过自愿和无记名投票实现普选，全国和地方选举的选民投票年龄均为18岁及以上，所有选民都有资格竞选公职。从历史上看，丹麦全国大选中的选民投票率一直很高。选举是在比例代表制的基础上进行的，其中每个政党根据所获得的票数来在国民议会中获得席位。由于任何一个政党都很难获得压倒性多数的选票，因此，丹麦政府通常由不享有多数席位的多党联盟组成，该联盟中实力最强政党的领导人即为总理，而其他政党的领导人会担任重要政府部门的负责人，如司法部长、财政部长和外交部长。

丹麦的政党制度始于1848年，起初是两党制，从1905年开始则实现四党制：社会民主党、激进自由党、左翼自由党和保守党，其中社会民主党是自1924年以来最大的政党。1959年，社会主义人民党成为丹麦政党政治体系中的第五大党。如今丹麦实

---

① D. J. Sagar, Political Parties of the World, 7th edition, London: John Harper Publishing, 2009, pp. 160 - 162.

行多党制，目前丹麦议会共有 14 个政党。丹麦政府通常由一个主要政党与许多较小的政党结成执政联盟，没有任何政党能够赢得绝对多数席位。

第二节 丹麦的政党政治与主要政党

一、社会民主党

路易斯·皮奥、哈利德·伯里克斯和保罗·格列夫在 1871 年成立了社会民主党，旨在在社会主义理念的指引下组织新兴的工人阶级。社会民主党于 1884 年参加丹麦议会选举，并首次进入丹麦议会。在 20 世纪的绝大多数时间里，社会民主党都是丹麦议会的第一大党。其目前仍然是丹麦第一大党，也是欧洲社会党成员，在欧洲议会有三个席位。社会民主党属于中左翼政党，奉行亲欧主义和社会民主主义。其下属青年组织是“丹麦社会民主青年”和学生组织“自由论坛——丹麦社会民主学生”。2016 年，社会民主党党员人数为 40060 人。2019 年社会民主党赢得丹麦大选，同年 6 月 27 日，时年 41 岁的梅特·弗雷泽里克森成为继托宁－施密特之后担任该职位的第二位女性政府首脑，也是丹麦历史上最年轻的总理。

社会民主党认为大规模外来移民对丹麦主体人口结构产生了负面影响。尽管在竞选期间采取反移民立场，但弗雷泽里克森执政后改变了对移民的立场，允许接纳更多的外国劳工。

社会民主党自成立以来的核心价值理念是“自由、平等和兄弟情谊”。在社会民主党的政治计划中，这些价值观被认为与为贫困人群提供社会福利、强调共济型发展息息相关。社会民主党基于以实用主义而非教条主义为中心的意识形态，致力于减少阶级分化，建立一个平等获得公共教育、卫生和社会服务的社会而广受赞誉。

社会民主党拥有高度发达的组织结构，党协会是它的基层组织，负责招纳新党员；党公社负责向地方议会提名本党议员候选人；党团负责向国家议会提名本党议员候选人。社会民主党在全国设立五大专区，包括：首都专区、北日德兰专区、南丹麦专区、中日德兰专区、西兰专区。此外有90个党团，95个党公社，233个党协会。①

社会民主党全国代表大会每四年召开一次，是该党的最高权力机构，负责表决各种政治纲领、选举党委会和审议党纲等，并选举一名党主席、两名党副主席和党委书记。主席和副主席中必须有男女代表，两位副主席中必须至少有一位不是国家议会议员或欧洲议会议员。社会民主党党员不得同时在欧洲议会、国家议会、郡议会或地方议会中担任职务。

社会民主党坚持可持续发展理念，其政策制定的核心是建立一个安全的福利社会，旨在通过提供良好的卫生、教育和社会服务，来实现社会公正和平等。这就需要采取有效措施来解决失业问题、培训假或育儿假等社会问题。社会民主党在其所有的政策和规划中高度重视环境保护，并积极推动丹麦的绿色转型。社会民主党制定了一个雄心勃勃的绿色发展目标，即通过发展清洁能源和节能减排，丹麦在2030年的温室气体排放量与1990年相比

① Socialdemokratiet, “Lokalafdelinger”, https://www.socialdemokratiet.dk/lokalafdelinger/, 2021-11-02.

将减少70%，到2050年，丹麦实现碳中和。自2019年组阁以来，社会民主党在议会中达成了多项环保协议，这些协议不仅减少了丹麦的温室气体排放，还不会导致工厂和公司迁出丹麦。例如社会民主党为北海的石油和天然气开采设定了结束日期，并帮助石油行业的员工寻找新的工作机会。绿色转型将使丹麦变得更加富裕和强大，对此，梅特·弗雷泽里克森直言不讳地指出："作为社会民主党人，我毫不怀疑，丹麦必须再次成为绿色超级大国。"

维护与欧盟的伙伴关系，是社会民主党实施可持续发展政策的基石。欧盟被社会民主党视为一个能够解决欧洲共同经济和政治问题的多边平台，因此社会民主党支持欧盟东扩，推动欧盟优先考虑就业、保护消费者和保护环境。但社会民主党反对欧元区的一体化，并致力于推动欧盟成员国和欧盟决策层之间的权责清晰。

二、自由党

自由党成立于1870年，是丹麦历史最悠久的政党，全名是"左派，丹麦自由党"。① 自由党奉行自由市场主义。自由党的主要政策主张包括以下几个方面。

能源与气候政策。自由党认为气候变化是全球性的，到2030年，丹麦必须将温室气体排放量减少70%，并在2050年实现碳中和，因此丹麦处于绿色转型的最前沿。自由党认为，没有健康的经济增长并创造就业机会，就无法实现绿色转型。丹麦不仅需

① Venstre, "Venstre mener", https://www.venstre.dk/politik/venstre-mener, 2021-11-02.

要增强经济实力，以便能够投资于绿色转型，还需要证明丹麦的绿色转型模式可以同时实现碳减排与经济繁荣。因此，自由党致力于绿色能源和交通、气候友好型农业转型和大力发展“绿色建筑”。自由党通过推行负责任的经济政策，及确保提供激励性税收制度，实现智能＋市场的绿色发展模式，将丹麦小农场、制造业企业、大型科技公司和小微企业视为推动绿色转型的合作伙伴，在设计新绿色解决方案的同时为丹麦创造更多的就业机会。

财政政策。自由党专注于如何实现经济增长并保障充分就业，以促进丹麦的可持续繁荣。因此，自由党坚持稳定的财政政策和审慎的财政支出计划，并致力于构建稳健的经济秩序，以推动经济发展、促进就业、保障福利供给。自由党认为增长和繁荣是丹麦福利社会的基石，因此财政政策必须确保为私营企业提供良好的营商环境，可持续提供就业岗位。

欧盟政策。在《自由党的欧盟计划2019—2024》中，自由党认为，丹麦的欧盟成员国身份确保了丹麦能够借助欧盟的力量来应对跨境治理挑战，并且确保丹麦企业能够进入欧盟国家的共同市场，丹麦的繁荣与安全完全取决于欧盟的稳定。因此，自由党的欧盟政策的核心是：凭借经济繁荣的欧盟来建设一个安全的丹麦。自由党将利用丹麦在欧盟的影响力来向环欧盟地区传播西方价值观。自由党主动组建了一个新的“北欧伙伴关系”，包括瑞典、芬兰、爱沙尼亚、荷兰、德国和爱尔兰的自由党，以推动各国自由党在欧洲议会框架下围绕经济政策、预算、税收、社会等问题开展政策协调。

国防政策。自由党国防政策的基础是捍卫丹麦主权和履行丹麦的北约义务。为了维护丹麦的主权，确保和平与自由，自由党认为丹麦必须提升国防实力以有效维护领土安全，实现防务自决，并且可以向国际军事行动派遣有效和装备精良的部队。自由党坚定支持最新的丹麦国防协议，该协议使2023年的丹麦军费增加到130亿丹麦克朗。此外，自由党认为丹麦的安全必须建立在北约和欧美共同价值观之上。自由党认为丹麦必须努力实现将2%的GDP用于北约集体防御支出，以承担丹麦在北约军费的分担份额。此外，自由党坚决支持通过军事行动来打击恐怖主义，并且制定了家庭卫队和全性别征兵任务。

移民政策。自由党坚持严格的移民管理政策，建议对外来移民实行低福利政策。为此，自由党引入了融合福利、现金福利上限和工作时长规则，以鼓励移民和难民主动就业，积极融入丹麦社会。自由党认为难民应该返回家园而不是获得丹麦永久居留权。难民必须为丹麦的发展做出贡献，才能留在丹麦。对于自由党来说，留在丹麦的外国人必须尊重丹麦的价值观，这意味着自由党明确反对宗教极端主义，并严厉打击宣扬仇恨丹麦从而威胁公共秩序的人。同样，自由党希望打破外国人难以融入丹麦社会和劳动力市场的困境，以遏制丹麦社会族群撕裂、凝聚力下降的趋势。

国内治理政策。自由党希望在尊重法罗群岛和格陵兰民众自治发展愿望的前提下，与法罗群岛和格陵兰共建国家。自由党希望丹麦本土加强与法罗群岛和格陵兰的经济合作，以实现共同发展。自由党认为在尊重丹麦宪法的前提下，应支持法罗群岛和格陵兰制定自治制度，并获得更多的对外自主权。

第三节　丹麦北极战略决策中的格陵兰①

随着北冰洋的暖化趋势进一步发展，北极成为国际政治博弈的新场域。格陵兰作为亚欧大陆和北美大陆的要冲，历来都是欧美亚大国北极战略博弈的热点地区。西方各国都将格陵兰作为参与北极事务的重要支点。近年来，格陵兰的自治化引起世界各国的高度关注，这种北极地缘形势的新变化将彻底改变北极博弈现有的力量分布格局，给北极未来的地缘政治经济格局带来了新的挑战。

一、格陵兰经济独立化困境

如今，格陵兰经济的矛盾焦点集中在了矿产开采这个经济潜力和国际需求量巨大的领域，尤其是在全球对稀土资源的争夺日趋白热化的背景下。格陵兰矿产开发面临的困难主要表现在以下三个方面。

一是受制于丹麦的经济补贴。一直以来，格陵兰的主要经济活动是浆果采摘业、渔业和狩猎业，大部分财政运转资金来自丹麦政府的补贴。丹麦政府认为，格陵兰若想倚靠政府，其矿业开发规划就必须得到政府的允许，并优先由丹麦本土企业来进行。长期以来，丹麦政府对格陵兰采取矿业开采特许证制度，对开采

① 本节部分内容笔者发表在《和平与发展》2017 年第 6 期，第 108—122 页。

铀等核原料实施“零容忍”政策，以保护环境为名，对海上石油开采也采取严格的控制。① 这种贸易保护色彩浓重的投资模式，导致格陵兰依靠矿业吸引外资进而带动本土经济发展的战略规划长期无法实现。

二是劳动力不足。格陵兰试图通过大规模的矿产开发来实现经济独立，这就必然直面劳动力不足的问题。经济机遇与劳动力素质紧密相关。格陵兰人口只有5.6万人，并自2005年以来呈现持续下滑的趋势；平均失业率为9.4%；年龄段在15—64岁的人中，70%只有小学文化程度。② 2012年格陵兰议会通过了大规模矿业开发项目法案，要求项目预期价值必须超过50亿丹麦克朗，这种规模的开发项目将有2万人的劳动力缺口，因此，为了解决格陵兰在建设大规模采矿项目时劳动力不足的问题，需要加大季节性劳工移民。但是格陵兰无权进行移民管控，为了能让国外劳动力进入格陵兰，这个法案需要丹麦政府通过相关务工移民法案。此外，由于外国企业具有自主的招聘权，这很可能导致外籍工人占据着高薪的工作和核心岗位，而当地人因缺乏必要的职业技能而从事低薪的工作，所以从长远来看，大规模的矿业开采将从根本上改变格陵兰社会的人口结构，本土居民有可能不断被边缘化。③

三是矿业开发对格陵兰本土经济的拉动力有限。很长一段时

---

① Mark Nuttalla, “Zero - Tolerance, Uranium and Greenland's Mining Future”, The Polar Journal, No. 2, 2013, p. 370.

② Birgitte Holfmann, “Mineral Exploitation and Development in Greenland: Engaging Local Workforce and Planning Flexible Settlements”, Arctic Yearbook 2014, 2014, p. 2.

③ Stuart Kirsch, “Sustainable Mining”, Dialectical Anthropology, Vol. 34, No. 1, 2010, pp. 88 - 89.

间内，以因纽特人为代表的格陵兰本土居民，无法接受矿业恶劣的工作环境。大部分从事矿业工作的格陵兰工人都选择了短工期工种，只有少数人选择了长工期工种。这是因为矿业工作的轮班制与格陵兰人的日常生活习惯和传统文化相差甚远。如果大部分格陵兰本地劳动力都不选择从事矿业工作，一旦丹麦政府放开短期务工签证，那么格陵兰矿业的从业人员很可能由外籍工人主导，从而难以有力推动格陵兰本地经济的发展。

二、北极地缘政治经济格局的复杂化

第一，丹麦出台北极战略，加强了对格陵兰的军事与经济管控力度。从军事层面来看，格陵兰是丹麦在北极的唯一领土，2016 年 5—6 月，丹麦外交部和国防部先后公布了《变革时期的丹麦外交与防务》和《国防部未来在北极的任务》，强调了丹麦作为“北极超级大国”的地位，[①] 通过三大途径将格陵兰纳入本国北极战略的总体规划。一是强化北极联合司令部的指挥权威，增强格陵兰（努克）—法罗群岛（托尔斯港）之间的协同作战能力。二是更新格陵兰军事基础设施。三是以图勒空军基地为基础，强化美丹军事同盟关系。从经济层面来看，丹麦开始重视格陵兰的地缘经济价值，丹麦养老基金对格陵兰矿业开发投资。《变革时期的丹麦外交与防务》建议通过建立“北极投资银行”来增强丹麦的北极招商引资能力。虽然格陵兰拥有高品质的铀储量和稀土资源，但在开发此类战略矿产时，仍在丹麦中央政府的管控下。

---

① Kongeriget Danmark Udenrigsministeriet, “Udredning: Dansk diplomati og forsvar i en brydningstid”, http://mobil. um. dk/da/Udenrigspolitik/aktuelle - emner/dansk - diplomati - og - forsvar - i - en - brydningstid, 2021 - 11 - 01.

第二，美国加强在格陵兰的军事存在。早在二战期间，美国就看到了格陵兰的战略地位，于1946年试图以1亿美元购买该岛，遭到丹麦的拒绝。冷战之初，格陵兰图勒空军基地就成为美国北极战略的重要锚点，负责为B－47、B－52战略轰炸机提供起降和加油服务。[①] 如今，美军在图勒空军基地驻有第12空间预警中队，负责管理AN/FPS－120相控阵雷达，严密监视北极上空的所有飞行器，进行全球洲际导弹的攻击评估，为美国和加拿大北极地区的军事基地提供后勤支援，执行美国、加拿大、丹麦三国的北极联合巡查任务。随着2013年12月俄罗斯正式部署北极部队，美国也随之扩大在格陵兰的军事规模，通过设立弹道导弹预警系统，能够在电离层发射恒定电波击毁试图飞跃北极地平线的导弹，以进一步巩固北约对俄罗斯的“双钳攻势”。[②] 可以说，图勒空军基地成为美国对抗俄罗斯的军事集结待命区，格陵兰也再次成为美俄北极对抗的前沿阵地。

第三，北极航道开发推动国际航运格局的剧变。格陵兰地处北冰洋与北大西洋的交汇处，东临丹麦海峡和冰岛，西接巴芬湾和加拿大北极群岛，地处北极东北航道、西北航道与中央航道的交汇处，战略地位极其重要。格陵兰作为北极三大航道的中心陆地，未来将成为联结北美、北欧、东亚的枢纽。

---

① Nikolaj Petersen，“SAC at Thule：Greenland in the U. S. Polar Strategy”，Cold War Studies，Vol. 13，2011.

② 肖洋：《北约对俄“双钳攻势”的波罗的海拐点》，《太平洋学报》2017年第1期，第41页。

第四节　丹麦北极战略决策的政党因素[①]

丹麦作为北冰洋沿岸国家，一直将北极视为国家战略的重要组成部分，于2011年出台了《丹麦王国北极战略2011—2020》。然而，鉴于当前北极地区同时存在治理主体全球化与大国军事对抗的风险，丹麦政府随即更新了北极战略文件。2016年5—6月，丹麦外交部和国防部先后公布了《变革时期的丹麦外交与防务》和《国防部未来在北极的任务》。这一文一武的政策举措，标志着丹麦北极战略开始从保守型向进取型转变。由于北极治理的议题设置长期由俄、美、加等北极大国所主导，且制度安排缺乏有效约束力，丹麦需要重新审视自身的地缘优势与话语权劣势之间的矛盾，独自积累与其他北极国家的谈判筹码，提升丹麦在北极地缘政治经济格局中的影响力。

一、北极战略转型的内在逻辑与外部环境

（一）北极战略转型的内在逻辑

《丹麦王国北极战略2011—2020》首次明确了丹麦的北极战略目标为“应对北极事务日趋国际化”和“巩固丹麦作为北极行为体的地位”，并列举了四个方面的工作议题。一是维持北极的和平稳定和主权管理。主要任务包括：依照《联合国海洋法公约》

---

① 本节部分内容笔者发表在《太平洋学报》2018年第6期，第78—86页。

解决北冰洋划界争端；改善相应安全防范基础设施以加强北极海事安全；加强丹麦在北极领土的主权控制。二是提升格陵兰的自我可持续性经济发展。主要任务包括：在最严格国际环保标准下开采矿物资源；推广使用可持续能源；合理开发海洋生物资源；开拓新型北极经济发展模式；保持极地科研领先地位；促进在北极公共健康和文化领域的合作。三是在北极环境与气候科研信息基础上管理北极事务。主要任务包括：完善北极知识体系；建立北极防污措施和环保标准。四是加强北极治理的国际合作。主要任务包括：全球合作——强调丹麦要与联合国、世界贸易组织等全球性国际组织围绕北极气候与环境变化、北极航运安全和原住民权益保护等北极事务进行协调；区域合作——加强与北极理事会、欧盟、“环北冰洋五国集团”、西北大西洋渔业委员会等地区性组织进行双边与多边对话。[①]《丹麦王国北极战略 2011—2020》定下的基调是对话与合作，注重从国际机制、环境保护、国际贸易等维度提升丹麦在北极事务中的影响力，因此从一开始就兼具区域性与全球性视野，[②] 不仅重塑丹麦作为北极地区“全球性行为体”的角色，更敏锐地觉察到北极地区在全球地缘政治经济格局中的分量不断加大的事实。

《变革时期的丹麦外交与防务》则从外交与国防两个方面进一步细化了任务分工，列举出六大议题体系。一是建立基于丹麦国家利益的北极外交政策，同时寻求与其他利益攸关方的共同利益。任务有三：维护在北极事务中的事实存在；建立牢固的伙伴关系；

---

① Ministry of Foreign Affairs of Denmark, “Greenland and the Faroe Islands, Kingdom of Denmark Strategy for the Arctic 2011 - 2020”, 2011, pp. 13 - 45.

② 叶江：《丹麦北极战略分析》，载刘惠荣主编：《北极地区发展报告（2014）》，社会科学文献出版社 2015 年版，第 131—138 页。

维护先进的北极知识体系。二是评估2030年之前的全球与欧洲经济发展前景与地区安全局势，确定丹麦的北极区域战略以北欧和波罗的海地区为重心。三是改革北极外交的工作体系。任务有四：增大对涉北极外交的资金投入；招聘具有处理北极事务经验的外事人员；将传统外交渠道与非正式外交渠道相结合，构建北极外交网络；在欧盟框架下，与荷兰、北欧国家、波罗的海国家开展多边与双边合作。四是大力开展经济外交，绿色开发格陵兰的自然资源。主要目标是建立跨区域经贸伙伴网、为北极经济开发提供政治保障。五是加强在格陵兰的防务力量。任务有四：巩固与美国的军事合作；进行军民并举的北极军事演习；维持国防支出占GDP 2%的比率；提升丹麦军队在格陵兰进行监控、巡逻、搜救的能力。六是建立三维伙伴关系网。欧洲维度是指维护与德国、英国、法国等欧洲大国以及北欧国家的友好关系；跨大西洋维度是指借助美国这一超级大国的力量，维护丹麦（欧洲）在北极的安全利益；亚洲维度是指通过加强与印度的战略伙伴关系，来推动北极的商业议程。

由此看来，相对于《丹麦王国北极战略2011—2020》由外至内、以环境保护为主旨的北极战略决策思维，《变革时期的丹麦外交与防务》则采取由内到外的方式，以国家安全和经济发展为主旨，注重提升自身的北极战略实施能力，尤其是加强丹麦内部的凝聚力。可以说，丹麦的北极战略，逐渐向既重视极地环境保护、经济发展、科学研究等软实力建设，又重视北极防务能力、主权护持与领土管辖能力等硬实力建设的复合路线转型。

（二）北极战略转型的外部地缘环境

丹麦之所以在出台北极战略五年之后更新北极政策体系，还在于北极地缘环境发生了新的变化。

一是北极地缘政治格局的网络化趋势明显。与冷战期间明显的对抗型二元结构不同，当今北极地缘政治格局呈现出由国际组织、国家、次国家行为体组成的复合型、网络化特点。例如以《联合国海洋法公约》为基础的北极海域管辖体系，以北极理事会为平台的地区环境保护与搜救合作体系，以北方论坛为代表的次区域社会发展与原住民权益维护平台，各自构建了不同层次、不同领域的国际规范，逐渐叠加成北极治理的制度网络，增强了北极政治格局的内在整合力。① 丹麦是北极东北航道与欧洲、北美相联的枢纽国家，具有成为亚—欧—美北极海运中转贸易国的潜力，同时肩负着推动欧盟加入北极理事会的重任，当前的北极地缘政治格局的演变，有利于丹麦获取在北极事务上的话语权，唤醒雌伏已久的大国志向。

二是北极地缘经济格局向多元化方向发展。随着北极航运和北极资源大规模开发步入实践阶段，芬兰、挪威等北冰洋沿岸国家纷纷对非北极国家开展经济外交，② 促其参与北极资源开发和航运基础设施建设项目。当北极暖化带来的经济机遇变为现实，北极国家纷纷开展竞争性招商引资，借助外力发掘广袤北极地区的战略潜力，这也推动丹麦政府重新调整以环境保护优先的北极外交理念，增补了经济外交的元素，同时加大在格陵兰的资源与航运开发的布局力度，掀开丹麦参与北极经济开发的序幕。

三是北极地缘军事格局呈现“斗而不破”的特征。虽然北约

① 郭培清、卢瑶：《北极治理模式的国际探讨及北极治理实践的新发展》，《国际观察》2015 年第 5 期，第 56 页。

② 孙凯、吴昊：《芬兰北极政策的战略规划与未来走向》，《国际论坛》2017 年第 4 期，第 19—23 页。

对俄实施的“双钳攻势”将军事触手延伸到波罗的海和巴伦支海,① 但无论是俄罗斯的反制措施还是北约的试探性军事部署，都以中小规模的威慑性军事演习为主，避免在北极爆发大规模冲突，也没有让丹麦、芬兰、瑞典等国陷入在美俄之间“选边站”的困境。丹麦北极外交的思路非常清晰：丹麦将坚守温和中立路线，以避免卷入北极地区可能爆发的军事冲突。②

四是北极地缘科考格局呈现“排他性开放”的特征。北极科考的本质是战略性而非学术性，因为对于陌生而广袤的北极地区，一国的科考能力越强大、科考设备越先进、科考成果越丰富，就必然在北极划界、军事对抗、战略博弈中占据优势地位，而不只是为北极航运和资源开发做好信息储备。因此，北冰洋沿岸国家在北极科考领域形成了集体垄断。例如北极国家借助北极理事会下设的“科学合作任务组”出台了《加强北极国际科学合作的协议》,③ 明确规定由北极八国主导未来的北极国际科考合作。丹麦坐拥格陵兰这块天然的北极科研宝地，又掌握领先的极地科研技术，自然会采取“以场地换名气”的北极科考外交策略，在提升本国北极科研实力的同时，增强对其他北极国家的极地科技竞争力。

---

① 肖洋：《北约对俄“双钳攻势”的波罗的海拐点》，《太平洋学报》2017 年第 1 期，第 40—41 页。

② Ministry of Foreign Affairs of Denmark, “Greenland and the Faroe Islands, Kingdom of Denmark Strategy for the Arctic 2011 - 2020”, 2011, pp. 49 - 54.

③ Arctic Council, “Agreement on Enhancing International Arctic Scientific Cooperation”, China Oceans Law Review, No. 1, 2017, p. 2.

二、北极外交的转向轨迹

《变革时期的丹麦外交与防务》强调丹麦应“有效追求在高北地区的利益”，彰显“一个北极超级大国”的地位。总体而言，丹麦通过深入分析传统外交议程的具体政策方案和举措，明确指出新时期的丹麦北极外交仍然坚持以“地区合作”维护丹麦的北极利益。具体部署包括四大举措：维护丹麦在北极理事会的核心成员国地位、深化与北极国家的领土划界磋商、推动北极科技外交、开展对亚洲国家的北极经济外交。

首先，借助北极理事会的权力格局提升丹麦的国际地位。丹麦于2008年举办了北极理事会伊卢利萨特部长级会议，参会的北冰洋沿岸国家赞成丹麦政府关于深化北极理事会框架内的区域合作的倡议。事实上，丹麦努力维护北极理事会在北极治理秩序中的权威，使得其他北极国家也颇为受益。《伊卢利萨特宣言》框定了延续至今的北极治理秩序——将北极国家，特别是北冰洋沿岸国家置于北极理事会决策结构的顶点，这使得丹麦和挪威也获得了与美、加、俄同等的权力地位。因此，丹麦北极外交的长期重点就是努力维护这一具有明确决策等级结构的地区秩序，因为只有在获得这种制度特权的基础上，丹麦才有迈向北极大国的可能。

其次，对北极国家开展北极划界外交。作为北冰洋沿岸国家，丹麦存在对北极领土的主权诉求，例如丹麦与俄罗斯都声称对北冰洋罗蒙诺索夫海岭与北极点拥有主权，丹麦与加拿大围绕作为西北航道枢纽的汉斯岛的争夺也已持续了近一个世纪，但同时也能与相关北极国家保持着动态平衡关系，2008年北极理事会伊卢利萨特部长级会议中，丹麦与其他北极国家就开始商讨在既有国际法框架下如何分治北极的事宜。① 作为一个实力有限的国家，丹麦最为惧怕其他北极大国采取武力威慑的方式进行自发性“圈地”，这意味着丹麦将面临巨大的利益损失，特别是2014年丹麦提出对北极大陆架和北极点的主权申诉，就引起俄罗斯的强硬反击。“通过基于国际法的谈判来共同探寻北极地区边界的绘制原则，尤其是与俄罗斯继续进行对话与合作，符合丹麦和其他北冰洋沿岸国家的利益。”② 因此，丹麦的北极划界外交的特点是：对所有涉及北极领土归属、划界、防务等高敏感度议题的讨论、研究与决议，都保持高度的克制和耐心，主张以谈判磋商达成共识。例如丹麦领导人多次倡议俄罗斯、加拿大、美国、挪威等北冰洋划界竞争国，共同召开制定北极划界总体原则的国际会议，通过协商解决北极领土划界争端。

再次，推动北极科技外交。丹麦具有开展北极国际科技合作的丰富经验，例如早在第二次国际极地年（1932—1933年）期间，丹麦就在格陵兰岛建立多个永久性观测站，与其他国家进行北极气候、海冰漂移、地磁等领域的国际合作。《变革时期的丹麦外交与防务》提出丹麦应通过举办国际北极科学会议，将科考资源极为丰富的格陵兰建设成为北极科学中心，来改善丹麦在北极地区的公共外交成效。目前，哥本哈根大学格陵兰分校率先在格陵兰建立设施完善的北极科考站，主要从事北极露脊鲸观测研究

① 柳思思：《“近北极机制”的提出与中国参与北极》，《社会科学》2012年第10期，第29页。

② Udredning om dansk udenrigsog," Dansk diplomatiog forsvar I enbrydningstid—Vejen frem for Danmarks interesser og værdier mod 2030", 2016, pp. 2 – 6, https://um.dk/ – /media/websites/umdk/danish – site/udenrigspolitik/aktuelle – emner/dansk – diplomati – og – forsvar – i – en – brydningstid/148396_udredning_indhold_sammenfatning_printvenlig.ashx.

工作，吸引了冰岛、挪威、日本等远洋捕捞大国的关注。

最后，对亚洲国家开展北极经济外交。《变革时期的丹麦外交与防务》建议通过建立“北极投资银行”来增强北极地区的招商引资能力。坐拥格陵兰这类资源宝库的丹麦政府，对北极气候变化、海洋贸易、航运以及自然资源开发等最新发展趋势了如指掌，做好了应对北极经济全球化的准备。①为了获得亚洲国家的好感，丹麦政府支持亚洲国家晋级为北极理事会永久观察员国，鼓励亚洲国家在尊重北极国家主权诉求的前提下，参与北极航运贸易和自然资源开发等经济合作。

总之，丹麦政府意识到，当前所有北极国家都致力于区域合作，维持北极治理的现状，尽力化解北极地区地缘政治格局的紧张局面。只要俄罗斯和美国在北极事务上能够保持军事克制，丹麦的北极外交就有了能够纵横捭阖的空间。因此，丹麦与包括俄罗斯在内的所有国家都建立了相对友好的关系，并进一步强化北极理事会等区域治理机制。②

三、北极战略转型的防务谋略

北极地缘战略地位的快速提升，以及全球主要大国介入北极治理与经济发展，都促使丹麦重新审视北极领土的防务问题。虽然《变革时期的丹麦外交与防务》描绘出一幅以东北航道为基础、

① Leiv Lunde, “The Nordic Embrace: Why the Nordic Countries Welcome Asia to the Arctic Table”, Asia Policy, No. 18, 2014, pp. 39 – 45.

② Jon Rahbek – Clemmensen, “‘Arctic – vism’ in Practice: The Challenges Facing Denmark's Political – Military Strategy in the High North”, Arctic Yearbook 2014, 2014, pp. 4 – 7.

以格陵兰为转运枢纽的亚—欧—美海运贸易宏大愿景，但丹麦开发东北航道采取的是以格陵兰为起点，沿着北冰洋沿岸逐渐东移的渐进式策略。这就是说，丹麦要想搭乘北极航道开发的“黄金列车”，其第一站就是高度军事化的科拉半岛。丹麦的陆海边境安全风险在不断提升，这无疑需要丹麦探索北极防务安全的新思路。

（一）北极防务现状

作为一个影响力有限的国家，丹麦易受到地缘政治动荡的冲击和区域强国的威胁，因此丹麦奉行防御型战略文化。[①] 例如，俄罗斯和美国之间的任何一次北极冲突，都会使丹麦军队不堪承受，并推动丹麦更加依赖美国的保护。丹麦内部复杂的政治关系使其易受外国政治军事侵扰的伤害，这要求丹麦必须尽快加强对格陵兰的防务管理。虽然《国防部未来在北极的任务》中没有详细说明丹麦巡航北极的海空部队规模、任务频率和覆盖范围，但表现出强化北极行动部队的战略思维。

丹麦当前永久性的北极军事装备包括两艘“泰提斯”级巡洋舰，两艘“库纳德·拉斯穆森”级极地巡逻舰，一艘“阿格莱克”级巡逻艇，一架 CL－604“挑战者”巡逻机。丹麦的“天狼星”北极巡逻特种部队负责丹麦在格陵兰的所有地面军事行动，以及远程侦察任务，由于气候限制，每月只能执行 10 天的巡逻任务。[②] 正是北极防务能力薄弱制约了丹麦对北极领土的管控权，推

---

① Mikkel Vedby Rasmussen, “‘What's the Use of It?’: Danish Strategic Culture and the Utility of Armed Force”, Cooperation and Conflict, Vol. 40. No. 1, pp. 71 – 74.

② Jon Rahbek – Clemmensen, “An Arctic Great Power? Recent Developments in Danish Arctic Policy”, Arctic Yearbook 2016, 2016, p. 351.

动了丹麦国防部重新构建在格陵兰的军事部署计划，例如进一步完善北极—北大西洋联合司令部。①

（二）未来北极防务路线图

当前，为了加强主权管理和改善北极民众生活，所有的北冰洋沿岸国家都在加强军事力量。丹麦武装部队也已经完成了从领土防御向远征部队的转变，能够参加丹麦本土之外的作战任务，尤其是在地广人稀的格陵兰。《国防部未来在北极的任务》指明了丹麦未来在北极地区的防务路线图。

第一，强化北约在北极地区的存在是增强丹麦安全感的必然选择。丹麦的国防政策基于北约所提供的安全保障，而在该保障中，维护丹麦的领土安全被视为展示北约集体防御优越性的主要方式。作为北约成员国，丹麦一再强调北极在北约集体安全中的重要性，呼吁北约在北极发挥实质性影响，借此提升丹麦在西方阵营的综合地位。随着北极国家纷纷增强本国在北方领土的军事控制力，丹麦一直试图成为北约在北极地区的守门人，力促北约增强在格陵兰的战略部署，进而提高了丹麦在北约的影响力。

第二，提升北极联合司令部的军事指挥与作战能力。一是授权北极联合司令部监视格陵兰空域的商业卫星、欧洲航天局的卫星以及所有飞行器，派遣护卫舰到格陵兰进行间歇性驻扎。② 二是更新丹麦的军事装备。丹麦政府将增添"伊万·休特菲尔德"级

---

① Danish Defence, "Joint Arctic Command", https://www.forsvaret.dk/eng/Organisation/ArcticCommand/Pages/ArcticCommand.aspx, 2021-08-22.

② Forsvarsministeriet, "Enighed om principperne for Arktis Kapacitetspakke i Grønland", https://www.fmn.dk/da/nyheder/2022/enighed-om-principperne-for-arktis-kapacitetspakke-i-gronland, 2023-10-16.

护卫舰、“阿布萨隆”级支援舰、F－35战斗机、反潜设备、破冰船、“全球鹰”无人侦察机、“大力神”运输机，以提升北极巡逻能力。① 三是开展北冰洋常态巡航。在北极夏季向格陵兰南部海域派驻一艘“伊万·休特菲尔德”级护卫舰和F－16战斗机编队执行北极海空巡航任务。② 四是大幅增大对北极司令部的经费支持。额外划拨1.2亿万丹麦克朗（约合1800万美元）国防预算到北极联合司令部，最终使北极联合司令部的预算占国防总开支的一半以上，为丹麦在北极地区的军事现代化提供资金保障。③

第三，推动北极地区军事互信措施建设。丹麦政府积极与其他北极国家进行密切沟通，增信释疑，确保《国防部未来在北极的任务》不被视为军备升级的信号。其建立军事互信措施的步骤包括：（1）建立“一个处理北极地区安全问题的国际结构”以应对逐渐增加的军事活动。该结构能在紧张时期作为一个进行安全政策对话的空间，在除俄罗斯之外的北极国家间建立一个军队调遣和扩大军事基础设施建设预告平台。（2）在目前的地区协商机制中，加强二轨军事外交的议题场域，以非正式会谈的方式探讨不容回避的军事安全问题，使各国军方代表之间及时沟通，以避免因军事误判造成的擦枪走火。（3）支持在北约东北多国部队指

---

① Tony Osborne，“F－35 Procurement Process Begins for Denmark”，Aviation Week，http：//aviationweek. com/combat－aircraft/f－35－procurement－process－begins－denmark，2021－02－22.

② Forsvarsministeriet，“Overvågning i Arktis i fokus når forsvarsministeren besøger Island og Færøerne”，https：//www. fmn. dk/da/nyheder/2022/overvagning－i－arktis－i－fokus－nar－forsvarsministeren－besoger－island－og－faroerne/，2023－10－16.

③ Forsvarsministeriet，“Politisk aftale om Arktis Kapacitetspakke til 1，5 mia. Kroner”，https：//www. fmn. dk/da/nyheder/2021/politisk－aftale－om－arktis－kapacitetspakke－til－15－mia.－kroner/，2023－10－16.

挥级别和国防规划方面的多国合作，支持由丹麦、德国、波兰为主体建设区域安全结构——北欧防务合作组织。

综上所述，北极地区作为能维持北半球稳定的三大地理区域之一，战略地位十分重要，格陵兰也从昔日的地缘禁区转变为丹麦的战略新宠。全球主要大国的利益都交织在北极地区，必然推动大国北极战略博弈的白热化。因此，《变革时期的丹麦外交与防务》表明领土安全已经成为丹麦国家战略的优先议题选项。丹麦北极战略的转型，既是北极地缘政治格局发生深刻变化的必然结果，更来源于丹麦内部的危机。从当前丹麦政府的各种举措可以看出，抓牢格陵兰这一战略锚点，是丹麦北极战略的奠基石。在国内外为数不多的丹麦北极战略研究成果中，对丹麦北极外交的路线设计、丹麦北极战略的安全导向、丹麦内部的北极利益诉求分歧三者间的互动关系缺乏深入阐析，这将为笔者打开新的研究视野。

第八章　冰岛政党政治与北极战略

冰岛是北大西洋和北冰洋之间的一个岛国，面积 10.3 万平方公里，人口约为 37 万。该国大部分地区是多山熔岩沙漠，森林覆盖率低，近四分之一的国土为草原，最高海拔为 2110 米，岛上有超过 10% 的面积被冰川覆盖。冰岛的大部分地区仍未开发，绝大多数人口居住在沿海地区。

第一节　冰岛的政府系统

冰岛是一个议会制共和国，拥有一院制议会。9 世纪后期和 10 世纪由挪威人和凯尔特人移民定居。1262 年，挪威国王开始统治冰岛，1380 年，挪威和丹麦合并为丹麦王国，冰岛成为丹麦的属地，1874 年丹麦授予冰岛有限的地方自治权，1875 年阿斯克加火山的余波摧毁了冰岛的经济并造成了大范围的饥荒。在接下来的 25 年里，岛上 20% 的人口移民到了加拿大和美国。1944 年冰岛独立为共和国。20 世纪下半叶，在渔业的推动下，冰岛经济大幅增长。1994 年该国加入欧洲经济区后，实施经济多元化政策。如今，冰岛经济在旅游业和建筑业的推动下逐步复苏。

一、行政机构

总统是冰岛的国家首脑，主要履行礼仪性职责，按照简单多数原则由民众投票直接选出，任期4年，且无任期限制。但冰岛的行政权实际上属于内阁，内阁通常由两个或两个以上政党联盟组成，多数党或多数政党联盟的领导者成为总理。根据冰岛宪法，总统有权拒绝会签法令，然后进行全民公决。例如2004年总统奥拉维尔·拉格纳尔·格里姆松拒绝签署一项新的媒体法，这在冰岛政坛引发了重大争议。①

二、立法机构

冰岛的第一个议会 Althing（冰岛语：Alþingi）于公元930年在辛格维利尔国家公园成立。如今，根据冰岛宪法，该国被分为6个选区，包括3个城市选区——雷克雅未克北部选区、南部选区、西南选区；3个农村选区——西北选区、东北选区、南方选区。冰岛议会共有63个议席，其中54个议席根据选区结果进行分配，其余9个议席为补充席位，由6个选区按不同固定比例分配，即3个城市选区各获得两个补充席位，3个农村选区各获得一个补充席位。截至2021年8月，冰岛6个选区的议员席位情况如下：雷克雅未克北部选区11名议员，南部选区11名议员，西南选区13名议员；南方选区10名议员，东北选区10名议员，西北选区8名议员。每届议会的第一次会议将通过特别选举程序产生议长，

① D. J. Sagar, Political Parties of the World, 7th edition, London: John Harper Publishing, 2009, pp. 267 - 270.

议长的主要作用是确保宪法中有关议会和议事规则的条款得以遵守。在冰岛总统缺席的情况下，议长与总理、最高法院院长共同行使总统权力。冰岛议会还设立主席团，主席团负责组织会议、监督国际合作、讨论会议预算并制定会议运作和行政管理的一般规则，主席团设立1名主席、6名副主席。此外，冰岛议会下设8个常设委员会：总务和教育委员会、工业委员会、经济和贸易委员会、预算委员会、环境和通讯委员会、宪法和监督委员会、外交事务委员会和福利委员会。①

从形式上看，议会是冰岛政治体系中最强大的机构，它可以在宪法规定的范围内就任何议题制定法律，可以建立和解散政府，也可以修改政府预算草案。然而，在实践中，政党是冰岛政治体系中最重要的单位，议会的大多数决策以及关于组建执政联盟等重大事宜都由议会党团来决定。2017年10月28日，共有8个政党经过选举进入冰岛议会，至今活跃在冰岛政坛。截至2021年8月，各党所获得的席位是：独立党16席、左翼绿色运动9席、进步党8席、社会民主联盟8席、中间党9席、海盗党7席、人民党2席、革新党4席。②

三、司法机构

冰岛的法律体系属于大陆法系，其特色是成文法。冰岛法院系统只有两级，即八个地区法院和最高法院，这些法院对民事和

---

① Neil Schlager and Jayne Weisblatt, World Encyclopedia of Political Systems and Parties, New York: Facts on File, 2006, pp. 569 – 580.

② Alþingi, “Um þingflokka”, https://www.althingi.is/thingmenn/thingflokkar/thingflokkar/, 2021 – 11 – 02.

刑事事项都有管辖权。最高法院成立于1920年，有权宣布某一项法规违宪。最高法院共有9名法官，轮流担任最高法院院长，任期两年，最高法院法官由总统根据司法部长的推荐人选任命，终生任职。

第二节　冰岛的政党政治与主要政党

一、政党政治

一战结束后，阶级矛盾与经济发展困境成为冰岛的社会矛盾焦点，造成社会民主党、进步党、独立党和共产党主导冰岛的政党政治格局，即“旧四党模式”。1999年议会大选后，冰岛政党政治格局发生了较大的变化。社会民主党、左翼社会主义人民联盟、女性联盟和人民运动组成了新的社会民主党——社会民主联盟，该党随后成为冰岛政坛的第二大党。此外，左翼社会主义者、环保主义者和女性联盟的一些著名成员联手，成立了一个新的政党——左翼绿色运动，高举冰岛政治中的社会主义旗帜。以独立党、左翼绿色运动、社会民主联盟、进步党为代表的“新四党模式”成为冰岛政党体系的核心。

自20世纪30年代以来，冰岛主要政党已正式成为具有基层党组织的群众型政党。地方组织选举党的选区委员会和全国党代表大会的代表。全国党代表大会选举党的领导人。然而，冰岛政党的制度化总体弱于其他北欧国家的政党。在决策方面，虽然议会团体比党组织的影响力更强，但各政党领导层的地位却相当稳固，政党全国大会倾向于遵守领导层做出的决定。

冰岛议会的初选都是公开进行且没有明确规定参选者的党员身份，由于冰岛各政党的党员认定标准普遍不明确，而且有时人们可以在初选投票地点现场入党，这就使得在初选阶段就削弱了各政党的组织力和凝聚力。冰岛议会竞选活动中，来自各方的候选人在全国性报纸、电视辩论中表达自己的观点。由于冰岛各政党的组织结构较为松散，党员很少被严格要求缴纳党费，因此政党的资金往往来自个人、利益团体和公司的捐款。近年来，由于政党竞选的成本居高不下，冰岛以国家名义加大了对各政党的支持力度，公共赠款已经成为冰岛各政党的主要收入来源。

二、主要政党

（一）独立党

独立党成立于1929年，由保守党（成立于1924年）和自由党（成立于1926年）合并而成。自独立党成立以来，冰岛组建的31届政府中，独立党领导了其中的15届。独立党强调自身是一个由独立个人组成的政党，没有强有力的政党纪律，但就选举机制和党员的覆盖面而言，独立党一直是冰岛组织性最高的政党。如果独立党全国代表大会未能做出该党的政治决策，那么其党务委员会将负责确定该党的政治决策。未经党务委员会同意，不得就该党的立场做出决定，因此，在独立党组成新政府之前，应由党务委员会先召开筹备会议。独立党主席为党务委员会主席，独立党副主席兼任党务委员会副主席。

独立党主要以北欧理事会为平台，积极与丹麦保守党、法罗群岛人民党、挪威保守党、瑞典温和党、奥兰温和党和奥兰独立党等北欧地区的右翼开展政党合作。

独立党在制定政策主张时，往往依赖于下属的事务委员会。这些事务委员会包括：武装部队和教育委员会，旨在讨论司法和执法、人权、公民身份、消费者事务、国家教会及其他宗教和性别问题、教育和文化以及科学和技术；行业委员会，旨在在研究和咨询的基础上处理渔业、农业、工业、能源、技术创新、就业以及资源利用等事务；经济和货币事务委员会，旨在处理一般经济事务、商业事务，包括银行事务、金融活动、养老金事务以及税务和海关事务；预算委员会，旨在讨论国家的财政、预算、国有资产、信贷授权和国家担保以及财政部的养老金义务，并监督预算的执行；宪法和监督委员会，旨在处理涉及宪法的事务、全国选举、内阁设置、与中央政府有关的其他议题，以及处理来自议会监察员和国家审计署的公告和报告、审查个别政府部门的决定及其程序等事务；环境和交通委员会，旨在讨论资源领域的环境问题、规划和建设问题，以及政府行动计划、区域发展问题和央地之间的任务分工问题；外事委员会，负责处理与外国和国际组织的关系、国防和安全问题、出口贸易、欧洲经济区问题和发展问题，以及外交和国际事务；福利委员会，旨在讨论健康和养老保险、社会服务、弱势群体扶助、住房、就业和卫生服务等议题。①

在国内政策上，独立党结合了自由主义和保守主义的政治主张，强调民族主义和反对阶级冲突。冰岛独立后，独立党接受了福利国家理念并参与政府治理，增强了冰岛政府的稳定性和对社会发展的宏观调控能力。20 世纪 60 年代，独立党和社会民主党

① SJálfstaedisflokkurin, "Málefnanefndir", https://xd.is/um-flokkinn/malefnanefndir/, 2021-10-22.

组成的联合政府废除了严格的进口管制，将自由贸易作为对外经济政策的主要原则。随着冰岛加入了关税与贸易总协定和欧洲自由贸易联盟，独立党政府开始将电力密集型行业对外国资本开放，主张审慎推进经济自由化。在安全政策方面，独立党始终坚定支持冰岛加强与北约的合作，并保留北约在凯夫拉维克的空军基地。

（二）左翼绿色运动

左翼绿色运动成立于1999年2月6日，是一个激进的左翼政党，主张平等和可持续发展。左翼绿色运动的政策基于四大支柱：环境保护、女性自由、国际和平主义和社会正义。左翼绿色运动现在是冰岛政府的主导力量，在冰岛议会拥有3名部长和9名议员。

左翼绿色运动持反战立场，反对冰岛加入北约，拒绝国际军备竞赛，主张冰岛解散军队和实现国家非军事化。左翼绿色运动认为冰岛政府应拒绝军事干预外国事务，积极推动国际和平和裁军协议，反对生产军事装备；主张冰岛及其管辖区应禁止部署核生化武器，冰岛应签署《联合国禁止核武器公约》；冰岛应禁止外国军舰和军用飞机抵达冰岛。左翼绿色运动认为冰岛的外交政策应与联合国的全球发展目标相一致，在国际舞台上以可持续发展为指导原则。

左翼绿色运动认为冰岛需要在维护北极地区的和平、原住人民权利、可持续性和自然保护方面采取明确立场，必须在环境保护和应对气候变化方面处于领先地位。为了保护环境，左翼绿色运动坚决反对以破坏生态环境为代价的商业行为。左翼绿色运动主张在平等的基础上促进小国间的合作，加大对穷国的援助，同时反对种族主义和贸易壁垒。此外，左翼绿色运动高度重视国际多边合作，主张加强与联合国、北欧理事会、北极理事会的合作；加强与北大西洋沿岸国家的关系。虽然左翼绿色运动非常重视与欧洲国家的合作，但认为与非欧盟国家的合作更符合冰岛的利益。

左翼绿色运动的战略包括三个方面：一是为人工智能的发展制定明确政策，确保人工智能不能用于胁迫、侵犯人权和其他滥用权力的行为；二是制定地理空间管理政策，以促进合作、可持续利用和环境保护；三是以现实威胁为导向，制定冰岛的国家安全政策。左翼绿色运动认为，当前冰岛面临的现实威胁主要包括由气候变化导致的自然灾害、人类健康威胁和互联网犯罪等，因此左翼绿色运动认为国家安全政策应该以确保冰岛的基础设施能够抵御上述这些威胁为核心。为此，冰岛政府必须将国际港口和机场、电信和能源系统等基础设施纳入国家安全的统筹管理之中。①

表8－1　左翼绿色运动的政策主张一览表

政策类别	政策主张
军事政策	冰岛退出北约；冰岛签署《联合国禁止核武器公约》；不允许在冰岛进行军事演习，反对外国军舰和军用飞机抵达冰岛
气候政策	冰岛支持在联合国框架内应对环境和气候威胁
国际政策	冰岛采取行动打击人口贩卖；冰岛支持其他国家的独立和民族自决；冰岛反对压榨跨国公司和关闭避税天堂

① Vinstrihreyfingin Grænt Framboð, “Alþjóða - og friðarmál”, https://vg. is/stefna/althjoda - og - fridarmal/, 2023 - 10 - 16.

续表

政策类别	政策主张
种族政策	冰岛反对种族主义和种族歧视
北极政策	冰岛应维护北极地区和平、土著人民权利、可持续性和自然保护
发展政策	冰岛将制定国土空间事务政策，促进跨区域合作、可持续利用和发展，以营建良好发展环境

笔者自制。

第三节　冰岛北极战略决策的政党因素

像其他北极国家的经济一样，冰岛经济的规模很小，其经济发展波动剧烈，小型国内市场和寡头垄断的趋势十分明显。在2008年金融危机过后，冰岛四大主要政党和主要政治机构面临着合法化危机，这在某种程度上标志着冰岛传统政治体制开始走向衰退。成立于2012年11月的海盗党，近年来成为冰岛政坛的明星政党，其意识形态背景是无政府主义，强调社会的直接民主、透明度和开明决策。海盗党希望将最低工资标准纳入法律当中，不支持福利贡献当中的北欧普遍主义。可以说，冰岛的北极战略决策与国内政党政治格局关系密切，始终围绕冰岛如何把握北极经济发展的时代机遇而展开，其核心就是确保冰岛在北极治理中的影响力。

2011年3月28日，冰岛议会做出了关于冰岛北极政策的决议，该决议旨在确保冰岛在气候变化、环境保护、资源开发、北极航运和社会发展方面的利益，并就北极治理议题加强与其他北极利益攸关方的合作。总体而言，冰岛各政党就冰岛北极政策原则达成共识，具体有以下几个方面。

第一，将北极理事会作为最重要的北极治理协商平台。冰岛认为有必要增加北极理事会在北极治理国际协商中的分量。对于冰岛而言，必须防止个别北极理事会成员国联手将其他成员国排除在北极理事会重要决定之外，因为这将损害北极理事会和包括冰岛在内的其他北极国家的权益。例如，北冰洋五国——美国、加拿大、俄罗斯、挪威和丹麦的代表于2008年和2010年分别在格陵兰伊卢利萨特和加拿大切尔西举行了两次会议，但北极理事会的其他成员，即冰岛、芬兰、瑞典和北极原住民的代表则被排除在会议之外。冰岛政府已经公开抗议北冰洋五国试图垄断北极治理的决策权。尽管冰岛否认北极理事会是迈向北极治理协商论坛的尝试，但显然一些北极国家愿意推动北极理事会的进一步发展。因此，冰岛各界都认为必须防止某些北极国家从国际制度层面来削弱冰岛在北极治理问题上的话语权。

第二，确保冰岛作为北极地区沿海国的地位。冰岛在地理上位于北极圈内，因此是北极国家。冰岛人比其他国家更依赖北极地区的资源，例如渔业、旅游业和能源业。因此，冰岛要确保其作为北极地区沿海国的地位。冰岛正积极为参与北极治理寻找法律、生态、经济和地理论据，例如冰岛的专属经济区位于北极圈内，向北延伸至格陵兰海，而格陵兰海是北冰洋的外围部分。根据1981年冰岛与挪威签订的《冰岛和扬马延岛大陆架协定》，冰岛在扬马延岛共同开采区享有大陆架权利。冰岛声称对香蕉洞南部200海里以外的大陆架拥有主权，并于2006年代表法罗群岛与挪威和丹麦就该地区大陆架划界达成协议。此外，冰岛根据《斯瓦尔巴条约》的平等原则，享有利用斯瓦尔巴群岛周围水域资源的权利。这项权利既包括在斯瓦尔巴群岛200海里范围内捕鱼，也包括利用其大陆架资源。冰岛在北极地区的法律地位需要得到进一步保障，以便使冰岛与其他北极沿海国家处于平等地位。

第三，北极地区既包括北冰洋地区，还延伸到与北极地区紧密相连的北大西洋地区。冰岛认为北大西洋地区是与北极联系最紧密的地方，北极应被视为一个涉及生态、经济、政治和安全事务的广阔区域，而不是以北极圈、树线或7月10℃的等温线作为参考指标的狭义地理意义上的区域。冰岛的这种定义包括在北欧合作范围内与其他国家的关系，与美国的防务合作，与挪威、丹麦和加拿大的区域防务和安全合作，与北极理事会其他七个北极国家的合作，通过参与“北方维度”（一个包括俄罗斯、欧盟、冰岛和挪威的合作论坛）与欧盟的关系，以及通过巴伦支海欧洲—北极理事会和在“北方维度”内与俄罗斯在北极理事会的合作。

第四，在《联合国海洋法公约》的基础上解决与北极有关的领土争端。《联合国海洋法公约》为海洋事务建立了法律框架，设置了适用于包括北极地区在内的所有海域的航行、渔业、石油、天然气及其他大陆架自然资源开发、海洋划界、海洋污染预防、海洋科学研究和争端解决的规定。

第五，加强与法罗群岛和格陵兰在北极贸易、能源、资源利用、环境问题和旅游问题上的合作。冰岛积极为格陵兰的石油和天然气开采提供严格的环保标准参考，以尽可能降低北极海上石油开采对海洋生态系统的影响。近年来，通过频繁的政治磋商和不断增长的贸易额，冰岛和格陵兰之间的关系得到了加强。

冰岛和法罗群岛在大多数领域关系密切。《霍伊维克自由贸易协定》是冰岛与法罗群岛达成的双边贸易协定，该协定的生效是双方关系的转折点。该协定适用于货物和服务贸易、人员流动和居住权、资本和投资流动、竞争、国家援助和公共采购。冰岛和法罗群岛之间的渔业协定也已生效，卫生和教育领域的合作也得到了加强。

第六，冰岛始终与北极原住民组织密切合作，支持北极原住民的权利主张，并支持其直接参与北极治理决策。冰岛认为必须在北极理事会的框架下，与原住民组织合作，通过讨论原住民问题的其他国际平台，抵制北冰洋五国的傲慢态度，以提升冰岛在北极治理中的软实力。冰岛利用一切可用的手段防止人类引起的气候变化及其影响，以改善北极居民及其社区的福祉。此外，冰岛为保护北极原住民的独特文化和生活方式做出了贡献。

第七，以国际协定为基础，促进冰岛与其他北极利益攸关方的合作。在《联合国鱼类种群协定》的基础上，冰岛积极参与北极渔业管理合作。在《极地规则》的基础上，冰岛积极推动北冰洋—北大西洋航运合作。在《联合国气候变化框架公约》的基础上，冰岛开展国际气候合作，努力减少温室气体排放，向国际社会宣扬冰岛的绿色环保理念。

第八，增加冰岛人在北极地区的就业机会。冰岛有着丰富的适合北极地区发展的知识、技术和经验。冰岛在北极的资源利用、航运、研究和监测方面面临着机遇和挑战，例如在东格陵兰的石油勘探、北极观光旅游等。冰岛将重点推动北极次区域经济发展，建立北极商会以促进该地区工商业之间的贸易合作。

第九，提高冰岛人和国际社会对北极问题的认识。冰岛十分重视北极教育，并持续加大在气候变化、冰川研究、海洋生物学、国际政治和法律、安全、石油和天然气开采、历史和文化、经济和社会发展、性别平等、卫生保健和北极航运等领域的研究力度。冰岛积极促进国内学者和学术机构到国际北极科学委员会和北极理事会工作组开展工作，鼓励欧盟和亚洲国家在冰岛投资建设北极研究机构和基础设施，并积极推动北极大学的发展。冰岛加强国内政商学各界关于北极问题的协商与合作，以确保增加对北极地区重要性的认识，并就政府北极政策的执行进行讨论。

作为北极国家和北极理事会的创始成员，冰岛是重要的北极利益攸关方。冰岛国家利益的界定，一直是由它的地理位置和自然资源来决定的。因此，冰岛各政党在北极政策上达成了政治共识，认为应该将冰岛纳入对北极地区未来发展影响深远的国家之列；努力维护冰岛在北极地区的经济、环境和安全利益；积极与其他国家、国际组织和北极利益攸关方开展密切的合作。由此，北极理事会成为冰岛最重要的北极外交平台。

自 1996 年北极理事会成立以来，冰岛就一直是北极理事会的成员，并积极推动北极理事会的制度化建设。如今，北极理事会下属的两个工作组——北极动植物保护工作组和北极海洋环境保护工作组，都位于冰岛北部的阿库雷里。位于阿库雷里的冰岛研究中心从 2017 年 1 月开始成为国际北极科学委员会秘书处。

2019—2021 年，冰岛任北极理事会轮值主席国和北欧部长理事会主席。作为北极理事会主席，冰岛在可持续发展的主题下设定了四个关键优先事项：北极海洋环境保护、气候和绿色能源解决方案、北极人民和社区发展以及增强北极理事会的影响力。冰岛强调了加强北极与其他地区国家和人民之间密切合作的必要性，冰岛正在努力促进北极理事会观察员国进一步参与北极理事会工作组的相关活动。

尽管冰岛并不是传统意义上的北极原住民发源地，但其北极政策仍然致力于支持北极原住民的权利，并利用北极圈论坛这一多边对话平台来提升冰岛在北极治理中的国际影响力。

附录　美国国土安全部2021年《美国北极国土安全战略方针》

介绍

自1867年美国国旗在阿拉斯加锡特卡升起以来，美国一直是一个拥有广泛权利和责任的北极国家。我们不断扩展北极国家安全利益和任务目标，部分原因是北冰洋海冰减少和运输可及性增大，助长了该地区大国竞争的出现。北极作为地缘战略缓冲区的传统效用正在受到侵蚀，因为不断变化的自然环境和随后的经济发展给该地区带来了更多的机会和兴趣。面对北极不断变化的景观和整个地区民族国家野心的上升，国土安全部必须重新进行战略调整，与志同道合的国内和国际伙伴密切协调，应对北极新出现的机遇和脆弱性，以保护国土主权和美国在北极的国家利益。

美国的北极国家利益是动态演变的，在环境、运营和战略上不断发展。北极地区的酷寒和嶙峋的地貌，加上阿拉斯加与美国本土的遥远距离、薄弱的通信网络和有限的基础设施，加剧了北极经济作业的严酷性。商业活动的类型和水平也在发生变化，近十年来，北极地区石油和天然气勘探数量激增，过境北极船舶数量和北极生态旅游都快速增加。这些活动类型和地点的变化以及自然环境的变化、北极地缘政治环境的演变与全球范围内大国竞争的重新出现相呼应。

尽管战略资源有限，但美国海军陆战队长期以来一直是美国海军在北极公开存在的主要角色，包括在阿拉斯加的基地和辅助设施以及部署到北极执行全部法定任务的远征舰队和部队。这些角色和职责包括在国际航行管理机构中代表美国利益、执行搜索和救援任务、确保船只安全、渔业执法，以及应对北极污染。这些职能强化了美国的主权，强化了规则和规范。为了一个安全稳定的北极，需加强伙伴国合作，以促进北极地区的韧性。南加州大学在该地区的主要作用将继续扩大和发展。

然而，不断变化的地缘战略和环境动态要求国土安全部在北极发挥越来越广泛和综合的领导作用。这一新的环境不仅需要更多的海上安全存在，而且还需要新的作业能力和额外资源，以执行网络和基础设施安全任务、使贸易和旅行便利化以及应对自然灾害，这些都不可避免地将增大国土安全部的任务量。

至关重要的北极国家利益

如上所述，阿拉斯加的存在使得美国成为一个北极国家，美国对北极领土拥有主权权利。阿拉斯加是美国唯一与两个国家共享边界的地方，一个是与加拿大（我们最近的盟友），另一个是与战略竞争对手俄罗斯。从经济和安全角度来看，北极对美国的地缘战略利益至关重要。一是自然资源丰富。根据2008年美国地质勘探局的报告，广阔的北极地区可能是地球上最大的未勘探石油愿景区域。美国地质勘探局估计：世界上13%的未探明石油储量和30%的未探明天然气储量位于北极，这些能源愿景还不包括已经发现的2400多亿桶石油储量。

北极地区蕴藏着大量矿藏，2015年阿拉斯加的非燃料矿产产量价值有30多亿美元，占美国矿产总产量的4.17%。已查明的矿产包括金、锌、钯、镍、铂、铅、稀土矿物和宝石级钻石，它们对工业流程、国防供应链、消费品制造和技术创新具有重要意义，能够有效支持美国的稀土开发和高科技产品研发。美国国土安全部将在地缘政治方面继续发挥积极作用，将在联邦、州、地方、地区层面维护网络和基础设施安全，将美国的北极领土纳入全球数字信息网。

网络安全和关键基础设施

正如第21号总统政策所指示的那样，国土安全部负责协调和配合公私营部门，保障国家关键基础设施部门的安全。① 这一努力包括但不限于加强国家各部门之间的协同力，以减少通信、能源、运输、商业设施和应急服务等部门面临的风险。虽然在北极发展基础设施和部署新技术将迎来新的机遇，但这一举动也可能给国土安全部的关键基础设施带来新的安全隐患，并随之带来新的挑战。例如，北冰洋地区海底电缆的洲际电子通信量的持续增加证明了这一发展趋势，毕竟海底电缆业务占通过互联网和电话推动国际贸易、官方政府通信和公民通信业务量的97%以上。阿拉斯

① “关键基础设施”一词具有2001年美国《爱国者法案》[42 U.S.C. 5195c (e)] 第1016 (e) 节规定的含义，即对美国至关重要的系统和资产，无论是物理的还是虚拟的，如果这些系统和资产丧失能力或遭到破坏，将对国家经济安全、国家公共健康和安全或这些事项的任何组合产生破坏性影响。

加是连接全球通信和往来于美国大陆交易的重要海底电缆枢纽。2020年5月，美国铺设了一条新的光纤电缆，将安克雷奇与美国本土48个州连接起来。尽管单点电缆故障具有内置的恢复能力，但是严重的、多次发生的事故可能会对美国贸易和国家安全产生连锁影响。数字基础设施的日益转变要求国土安全部发挥越来越大的作用。

贸易与经济安全

如前所述，不断变化的自然环境将刺激该地区产生大量的经济机会，促进社会发展，包括石油和天然气勘探、重要矿产开采、贸易路线开拓、渔业和旅游业的潜在增长。较短的航线将吸引竞争对手，并增加途经北极的船舶数量。作为参考，从鹿特丹到日本的海运航程通常需要25—30天（通过苏伊士运河或巴拿马运河）；通过北方海航线旅行只需18天，并避开受海盗影响的传统航线。国土安全部，特别是外勤业务处及空中和海上业务处，在美国海域和港口的贸易执法和商业安全方面发挥着至关重要的作用，必须继续积极预测国际贸易发展的趋势。

灾难反应

随着商业和交通的发展，自然和人为灾害的范围、规模和频率无疑会大幅增加。国土安全部其他组成机构，特别是联邦应急管理局，必须有可用的资源来有效执法，以预测该地区的发展趋势。

保卫家园

北极具有重要的战略意义，是加强我们国家防御敌对国家的缓冲区。这一至关重要的国家安全利益处于国土安全部领导的国土安全任务和国防部领导的国土防御任务的交汇点，主要是在美国—加拿大北美航空航天防御司令部和美国北方司令部的权限下为国防部服务。作为国土安全部唯一的军事分支机构，美国海军陆战队将在北极实施“海上优势”军事战略中发挥至关重要的作用。海岸警卫队成为许多北极国家首选的海上安全伙伴。将其独特的权力——执法、渔业保护、海洋安全和海上安保——与海军和海军陆战队的能力相结合，成为联合部队指挥官的合作伙伴。在这个长期战略竞争的时代，海军必须随时准备捍卫我们的国家利益。

构建国土安全部的路径

由于不断变化的形势，国土安全部必须重新调整和扩大其区域行动范围，以应对北极新出现的机遇和脆弱性。

美国《2017 年国家安全战略》将俄罗斯和中国确定为挑战美国实力、影响力和利益的战略竞争对手。这两个国家都在利用不断变化的北极环境，扩大在该地区的能力和影响力。北极已经成为大国竞争时代的中心舞台。区域竞争的加剧，使各国试图控制贸易航线、渔业通道、军事部署和资源开采等令人垂涎的航道。

国土安全部《美国北极国土安全战略方针》支持我们的国家安全战略，同时为保护国土和确保该地区的繁荣提供战略联盟和愿景。这一战略方针补充了国防部的北极战略，并包含三个理念：北极是一个新兴的竞争空间；北极是家园；北极是一个合作与协作的共享区域。

美国的北极环境本身是一项战略性国家资产。国土安全部有海洋生物资源管理责任，也有义务支持旅游业和自给性收获（例如捕鱼、狩猎等）。白令海包含了世界上最大的季节性海洋哺乳动物迁徙，包括数千头弓头鲸和白鲸、数十万头海象和海豹，以及数百万只候鸟。2018年，五个海岸线与北冰洋接壤的北极国家——加拿大、丹麦、挪威、俄罗斯和美国，以及中国、冰岛、日本、韩国和欧盟签署了一项具有约束力的协议，在进一步研究开展之前，禁止在北冰洋中部捕鱼。然而，尽管有这一协议，不断变化的北冰洋作业条件可能促使商业渔业的进一步发展。国土安全部在该地区的活动涵盖了从应急管理到海事、航空和边境安全，再到自然资源保护和商业便利化等工作内容。这一战略方针虽然具有广义性质，但需要指导国土安全部的北极业务，以应对未来10—15年不断上升的挑战。它将由一个更细化的实施计划来补充，该计划将定期审查和修订，以反映不断变化的区域环境。

战略环境

正如国土安全部《2017年国土安全趋势审查》所强调的，全球动态正在间接发挥威胁倍增效应，凸显对国家安全的威胁。根据北极地区国家战略，国土安全部的最高优先事项是保护美国人民、美国的主权领土和权利、自然资源以及该地区的所有国家利益。以下三个因素对形成强大的北极国土安全战略方针影响最大。

不断变化的北极地理环境导致了北极通道的扩大，这给美国盟友和对手都带来了巨大的机遇和前所未有的挑战。不受限制的地缘战略对手将寻求破坏脆弱的基于规则的北极秩序，以开采以前无法获得的资源，进而破坏美国及其盟友努力维护的全球规范体系。

- 俄罗斯

作为在北极拥有最大领土和专属经济区的国家，俄罗斯仍然是该地区的一个关键地缘战略竞争对手，其区域利益因经济上依赖北极自然资源开采（如石油、天然气和矿产）和控制航道（如北方海航道）而变得更加复杂。俄罗斯正寻求改变基于规则的北极秩序，以保护其在该地区的重要利益。俄罗斯将在 2021 年 7 月至 2023 年间重新担任北极理事会主席，并可以利用其在这方面的领导地位推进其北极战略目标。在过去的十年里，随着对能力和基础设施的大量投资，包括空军基地、港口、武器系统、浮动核电站和世界上最大的破冰船舰队，俄罗斯在北极军事存在有所增长。这些双重用途能力大大增强了其在北极的军事能力和海岸基础设施保障能力，以支持其国家战略。

- 中国

2018 年，中国发布了《中国的北极政策》白皮书，阐明了中国对确保在北极地区合法权益的重视，尽管它是非北极国家。为此，中国投资了国外基础设施，包括航空港和海港，制订了开采自然资源的计划，通过北极渔业开采满足国内日益增长的消费需求，并希望使用北极贸易路线，以满足对资源日益增长的需求以及成为“重要的北极利益攸关方”。中国拥有两艘破冰船，并计划建造更多破冰船，其中包括一艘核动力船。如果继续投资，中国可能在2024年超过美国的破冰船能力。

- “志同道合”的合作伙伴（加拿大、丹麦、芬兰、法国、冰岛、日本、挪威、瑞典和英国）

“志同道合”的北极和非北极国家主张加强美国政府在该地区的领导地位，特别是维护确保稳定、安全的国际准则；就北极国家而言，维护其正当的经济利益。如果不受挑战，俄罗斯和中国将继续增强对北极治理的影响。如果没有强大、明显的国土安全部存在，北极地区治理空间可能会被新治理体系所占据。

改变物理环境

不断变化的地理环境正在提升北极地区美国公民面临的风险，包括风暴频率和严重程度的增加、海岸侵蚀和永久冻土的融化。不断变化的环境也会为北极和非北极国家带来以前无法获得的资源和贸易路线机会。如果任其发展，美国北极地区和监管不足海域的人类活动可能会超过国土安全部发现、阻止、预防和应对这些变化和活动的监管能力。随着北极地区的不断开放，国土安全部必须预测和应对在竞争中对美国安全和繁荣有影响的活动和意图。极端的天气条件、复杂的物流和供应链以及人烟稀少的地方给国土安全部带来了特殊的挑战。在一个固有经营环境困难的地区，存在等于影响。由于不断变化的威胁和对更强有力的国土安全部存在的需要，国土安全部将首先以海上存在的形式发展更强的能力和实力，并支持随后的基础设施建设，以充分执行其在该区域的法定任务。

战略目标

北极地区的开放导致更多的水路通道出现，为资源开采、旅游、渔业和扩大军事存在创造了前所未有的机会。不断变化的地缘政治、地理和技术环境要求国土安全部在不熟悉的环境中扩大任务范围，获得额外资源，制定战略和行动计划，以应对当前和今后几年的情况。

美国是一个北极国家——150 多年来，美国联邦政府一直是国土安全、安全和环境管理的主要机构。然而，地缘政治和环境挑战要求对该地区采取越来越全面的政府管辖方针。

信息和通信技术的日益发展，与商业和通信密切相关，这需要国土安全部的持续关注。冰的减少以及贸易和旅游水路通道的增加，反过来要求美国海关总署及美国海关和边境保护局扩大业务范围——它们需要适应不断变化的贸易和旅行模式。洲际交易所将持续评估北极地区边境管制、海关、贸易和移民方面联邦法律的刑事和民事执行情况。联邦应急管理局和美国海岸警卫队将继续评估和应对北极的环境和人为灾难，以维护美国的繁荣。

国土安全部将利用与其他政府部门的合作来增强在北极地区的存在，包括办公设施共享、联合战略运营规划、交叉培训和共享资产。所有国土安全部部门将利用可靠的信息，最大限度地进行规划。海岸警卫队将寻求创新的方法来支持在北极的任务，包括使用先进的技术，如人工智能和无人机系统，并利用美国和外国政府、学术界和行业合作伙伴之间的关系。

国土安全部将集中部门资源支持美国的北极战略目标，以此迎接该地区的机遇和挑战。以下目标和辅助目标将指导我们的工作。

目标1：通过持续存在和全领域意识保护家园

通过强大的领域意识、持续存在和领导力（特别是在海洋领域），美国的主权对于推进美国的国家和经济安全至关重要，同时遏制竞争对手的恶意活动。这一目标需要国土安全部在资产和人员方面具备额外的能力、装备和训练，以便在这种严峻的环境中运作和领导。为了实现这一目标，国土安全部将：

一是加速海岸警卫队破冰船的采购、部署和维护——在北极，存在等同于影响力。国土安全部将投资并部署一支由极地安全破冰船和半潜式中型破冰船组成的现代化舰队，这些破冰船能够在全年各类气候条件下进行部署，并整合各部门的行动，包括多用途平台，以维护美国在北极地区的利益。这些资产及其配套的基础设施将确保联合军事委员会能够在北极地区保持长期存在，并执行其区域和国家任务。在海洋管理领域，国土安全部将优先考虑提升破冰作业能力，以便能够进入国际空间，并支持科学研究。

二是加强技术研发能力和装备保障能力——国土安全部必须投资于技术工具和培训，以快速、高效和经济地提高其对北极活动的监管。无人系统对于以高效和经济的方式了解、跟踪和监控不利地形上的各类人员活动至关重要。国土安全部将通过各办公室，包括科学和技术局，寻求所需的资金和资源，以优先采购、培训和更多地使用无人系统技术，在北极地区执行重要任务。

这项工作包括扩大与合作伙伴的协调、培训，特别是国防部（美国空军和美国太空部队）以及自由空间技术合作伙伴。该部还将寻求机会，增强对推动商业活动和地缘战略利益的行动的类型、地点和时间框架变化的认识和预见。积极主动将使该部能够将北极塑造成一个安全、稳定的区域，促进负责任的治理和经济增长。

三是加强高纬度通信系统的开发、部署和维持——有效存在需要持续、可靠和安全的连接。北极缺乏基础设施意味着缺乏可靠的通信。内部或外部系统的语音和数据信息共享极其有限。为了使国土安全部能够有效地部署和利用全年运营的资产，加强与其他部门运营中心的持续数字连接至关重要，包括极地地区的技术提升和卫星技术部署。国土安全部将优先考虑北极投资，为保障其在北极的通信能力，部署可靠和安全的连续通信，尽可能利用公私联合的方式和市场经济力量。

四是加强贸易和旅行便利化能力——国土安全部肩负着一项重要的经济安全使命，这一使命将在地区范围内日益扩大。随着人们对休闲旅游兴趣的增加，邮轮等旅游方式正在扩大北极旅游业。例如，邮轮行业到2022年将通过西北航道生产29艘破冰探险船，产量比2019年增加近两倍。国土安全部还在转运、资源开采、公共和商业海事活动、港口基础设施扩张方面有更多需求。这些增长趋势，特别是在贸易和旅游方面，将要求美国海关和边境保护局与美国海岸警卫队扩大在西北地区的能力，同时采购促进贸易和旅行增长所需的资源和支持（基础设施、人员、资产）。

目标2：加强北极地区的准入、应对和复原力

国土安全部必须加强能力建设，使其各部门及其合作伙伴能够保护北极、应对北极的自然威胁和人为危害，并从中恢复过来。这一努力包括加强金融稳定和监管机构抵御多层面威胁的能力。为实现这一目标，国土安全部将：

一是进行角色和任务研究——虽然一些国土安全部分支机构在

北极地区有长期的任务，但有些机构刚刚开始考虑在相对陌生的作战区域执行预期的任务。因此，国土安全部将评估保护北极的角色和责任。国土安全部将分析内部机构或办事处将如何受到其工作需求的影响，它们将扮演什么角色、需要什么能力，以及它们将如何满足国家对其工作的期望。这项工作将包括确定地缘安全环境的资源范围和决策。该部将利用这些研究为未来的资源决策提供信息。

二是增强抵御人为和自然事件的能力——集中力量利用伙伴关系和基础设施，专注于预防和应对。国土安全部将加强与阿拉斯加土著人的接触，因为他们代表了该地区几代人的经验，通常被视为关键的“第一反应者”。为支持第13175号行政命令，国土安全部及下属机构将与联邦承认的部落“加强美国政府与地方政府之间的关系”，并通过有针对性的国家和国际接触与合作来加强北极治理。

三是提高金融、贸易和运输技术及私营部门合作伙伴发现和阻止境外恶意投资的能力——作为美国外国投资委员会的重要代表，国土安全部担心阿拉斯加地区的外国投资不断增多所带来的风险。外资最初看起来对当地企业和政府有利可图，但从长远来看，可能会严重损害美国的国家安全。这种情况尤其适用于不受控制地购买令人垂涎的自然资源，如锌、钴和其他可能对国家关键供应链产生不利影响的重要资源。国土安全部将与北极土地信托基金合作，确定和阻止北极关键地区不良外国金融或商业交易，同时促进负责任的投资和发展。

四是保护关键基础设施——数字时代带来了生活水平的大幅提高和对技术网络的日益依赖。这一发展给国土的关键基础设施带来了安全挑战，包括信息通信技术和运输部门（铁路、港口等）。

近年来，横跨阿拉斯加和北极铺设的新海底电缆增加了曾经偏远地区之间的连通性。

国土安全部正与公共和私营部门伙伴密切合作，并将继续评估美国北极地区关键基础设施的状况。这些脆弱性评估和建议旨在为阿拉斯加州关键基础设施所有者和运营商的安全提供参考信息。随后的海洋区域评估和建议将侧重于加强美国北极的安全和复原力，同时更好地应对大国竞争的挑战。这项工作包括与当地公共和私营实体合作，在区域复原力评估方案下进行自愿的关键基础设施复原力评估。当前评估的建议主要侧重于运输系统、能源和通信关键基础设施部门以及相关的特定部门和跨部门挑战。

五是维护北极地区的海洋自由——与国家安全战略和北极地区国家战略保持一致。国土安全部致力于将北极作为国际上一个自由开放的空间。国土安全部与国防部在保护合法旅游和自由贸易方面存在互补性，并将努力维持合法的经济活动。该部将与美国的盟友和伙伴站在一起，根据国际法规定保护近海资源的主权权利，并捍卫海洋自由和对国家主权的尊重。

六是确保美国未来的能源繁荣——正如在国家安全战略和北极地区国家战略中指出的那样，美国的全球领导地位在很大程度上取决于支持美国在国内外的能源开采、生产和分配。美国的北极专属经济区拥有丰富的自然资源储量，北极为美国提供了提高稀土和能源产量的宝贵战略机遇。如果没有保持北极权益的能力，美国政府就无法阻止非法开采能源和稀土的活动。国土安全部将与海岸警卫队和联邦应急管理局等政府机构合作，支持公共和私人商业利益，以确保根据美国法律和法规安全、可靠和负责任地开采美国资源，并杜绝非法开采行为。

目标3：推进北极治理

1. 国际交往与合作

推进北极地区的国家安全利益需要一个综合的治理方法，需要与志同道合的盟友结成伙伴关系，与附近的盟友（如加拿大）和世界各地的盟友秉持共同的价值观，构建双边和多边规范。推进这些共同价值观和全球规范对于促进美国在北极地区的稳定和繁荣是必要的。为了实现这一目标，国土安全部将：

一是保护北极治理和合作论坛的完整性。国土安全部在1998年与国务院协调，加强与国际伙伴的合作，以确保北极理事会、国际海事组织和北极海岸警卫队论坛等国际机构倡导的稳健的治理做法，打击可能寻求破坏全球规范和基于规则的北极秩序的对手。国土安全部将与国务院监督事务司一道，继续与合作伙伴合作，维护这些机构的完整性和实用性。

二是加强与志同道合的北极伙伴的协作与合作。国土安全部将与志同道合的伙伴合作，特别是加拿大和美国的欧洲盟友，以维护基于规则的秩序。这一努力包括继续保护专属经济区以打击非法、未报告和无管制的捕捞活动，也包括加强和扩大与伙伴国家的直接业务关系，以分享信息、加强安全和保护贸易。北太平洋海岸警卫队论坛和北大西洋海岸警卫队论坛是推进互利的海上安全和安保标准的潜在领域。国土安全部，特别是美国海关和边境管理局、美国海关总署与美国运输安全管理局，将进一步加强贸易和旅行便利化的实施和合作，以实现预期的业务扩张，特别对加拿大和俄罗斯加强在航空安全和海关执法方面的宣传，使国土安全部能够减轻贸易和交通增加带来的安保和安全挑战。

2. 指导原则

国土安全部将遵循三项指导原则，以确保成功实现在战略方针中提出的目标，同时认识到我们在北极的存在和行动反映了我们的国家价值观和在全球社会中的作用。

一是致力于透明度和信息共享，这是国土安全部在该地区所有活动的标志。透明度鼓励良好行为并建立信任——但前提是国土安全部及其部门获得和使用的信息能够与机构、公众和国际合作伙伴共享。

二是在广阔的北极地区开展务实合作。基于互利以及距离等的伙伴关系将需要一个超越美国大陆其他地区大多数伙伴关系的水平。

三是合作维护稳定与和平，维护北极规范和基于规则的秩序。国土安全部将与阿拉斯加土著人、合作伙伴和盟友一起努力加强这些规范。该部还将使北极地区作为一个自由和开放的地区，支持和维护海洋自由、飞越和其他合法使用海洋以及不受阻碍的合法商业活动的国际法律原则。

结论：获得成功

该战略方针概述了取得成功所必需的目标和阶段目标，主动规划了国土安全部在该地区的预期角色，并履行对北极国家的责任。

为了实现这些目标，国土安全部将通过与国内外合作伙伴的密切协作，执行一个经过计划、仔细论证的全部门方法。通过了解区域运营环境，该部将加强区域安全和保护，同时促进合法企业的发展。

在我们所有的战略努力中，国土安全部将依靠方法创新和制度透明度，与监督委员会频繁沟通，努力实施适合我们面临的独特北极条件的新解决方案，这最终将成为国土安全事业中更好地团结努力的典范。

通过《美国北极国土安全战略方针》和即将出台的实施计划，国土安全部将与我们的朋友和盟友密切合作和协调，通过建设和部署必要的能力和力量来对抗竞争对手，在塑造北极战略环境方面发挥突出作用，同时为促进美国在整个地区的经济繁荣、安全和安保创造必要条件。

（本文由笔者领导的科研团队翻译）

参考文献

一、中文著作

1. 曹文振等:《经济全球化时代的海洋政治》，中国海洋大学出版社 2006 年版。

2. 千焱平编著:《国际海洋法知识》，北京海军出版社 1989 年版。

3. [美] G. J. 曼贡著，张继先译:《美国海洋政策》，海洋出版社 1982 年版。

4. 韩文:《林林总总话北极》，延边大学出版社 2004 年版。

5. 陆俊元、张侠:《中国北极权益与政策研究》，时事出版社 2016 年版。

6. 潘敏:《北极原住民研究》，时事出版社 2012 年版。

7. 北极问题研究编写组编:《北极问题研究》，海洋出版社 2011 年版。

8. 郭培清等:《北极航道的国际问题研究》，海洋出版社 2009 年版。

9. 柳思思:《欧洲绿党的制度资源构建：理论与实践》，时事出版社 2021 年版。

10. 柳思思:《非传统安全视域下都市“智慧反恐”体系构建

研究：欧洲经验的启发》，时事出版社 2021 年版。

11. 杨令侠：《战后加拿大与美国关系研究》，世界知识出版社 2001 年版。

12. 杨剑等：《北极治理新论》，世界知识出版社 2014 年版。

13. 杨剑主编：《亚洲国家与北极未来》，时事出版社 2015 年版。

14. 王泽林编译：《北极航道加拿大法规汇编》，上海交通大学出版社 2015 年版。

15. ［美］奥兰·杨著，陈玉刚、薄燕译：《世界事务中的治理》，上海人民出版社 2007 年版。

16. 中华人民共和国海事局：《北极航行指南（西北航道）》，人民交通出版股份有限公司 2016 年版。

17. 中华人民共和国海事局：《北极航行指南（东北航道）》，人民交通出版股份有限公司 2014 年版。

18. 位梦华、曾永莉、［美］奥尔伯特：《最伟大的猎手：阿拉斯加北极的爱斯基摩人》，商务印书馆 2000 年版。

19. ［美］贾雷德·戴蒙德著，谢延光译：《枪炮、病菌与钢铁》，上海译文出版社 2000 年版。

20. 国际劳工组织著，张铎校译：《2006 年海事劳工公约（中英对照）》，大连海事大学出版社 2013 年版。

21. 刘华秋主编：《军备控制与裁军手册》，国防工业出版社 2000 年版。

22. ［挪］奥拉夫·施拉姆·斯托克、盖尔·荷内兰德主编，王传兴等译：《国际合作与北极治理：北极治理机制与北极区域建设》，海洋出版社 2014 年版。

23. 贾宇主编：《极地法律问题》，社会科学文献出版社 2014

年版。

24. 赵隆：《北极治理范式研究》，时事出版社 2014 年版。

25. 陈奕彤：《国际环境法视野下的北极环境法律遵守研究》，中国政法大学出版社 2014 年版。

26. 陈红霞等编著：《中国极地科学考察水文数据图集概论》，海洋出版社 2014 年版。

27. 王泽林：《北极航道法律地位研究》，上海交通大学出版社 2014 年版。

28. 刘惠荣、杨凡：《北极生态保护法律问题研究》，知识产权出版社 2010 年版。

29. 刘惠荣主编：《北极地区发展报告（2014）》，社会科学文献出版社 2015 年版。

30. 潘增弟主编：《中国第六次北极科学考察报告》，海洋出版社 2015 年版。

31. 张占海编著：《北极海冰快速变化：观测、机制及其天气气候效应》，海洋出版社 2016 年版。

32. 张占海主编：《快速变化中的北极海洋环境》，科学出版社 2011 年版。

33. 张海生主编：《北极海冰快速变化及气候与生态效应》，海洋出版社 2015 年版。

34. 李振福：《北极航线问题的国际协调机制研究》，清华大学出版社 2015 年版。

35. 朱伟林、王志欣、吴培康、王洪伟等：《环北极地区含油气盆地》，科学出版社 2013 年版。

36. 赵隆：《多维北极的国际治理研究》，时事出版社 2020 年版。

37. 丁宏：《北极民族学考察笔记》，中央民族大学出版社2009年版。

38. ［美］罗伯特·吉尔平著，杨宇光、杨炯译：《全球政治经济学：解读国际经济秩序》，上海人民出版社2003年版。

39. 於世成、胡正良、郏丙贵：《美国航运政策、法律与管理体制研究》，北京大学出版社2008年版。

40. 柳思思：《突破与创新：国际关系理论的新研究》，时事出版社2013年版。

41. 柳思思：《外交的文化阐释·俄罗斯卷》，知识产权出版社2012年版。

42. 肖洋：《北极国际组织建章立制及中国参与路径》，中国社会科学出版社2019年版。

43. 肖洋：《管理规制视角下中国参与北极航道安全合作实践研究》，清华大学出版社2017年版。

44. 肖洋：《冰海暗战：近北极国家战略博弈的高纬边疆》，人民日报出版社2016年版。

45. 肖洋：《大国无疆：中国崛起动能论》，时事出版社2013年版。

二、中文期刊

1. 曹云霞、沈丁立：《试析欧洲的信任建立措施及其对亚太地区的启示》，《世界经济与政治》2001年第11期。

2. 程保志：《试析北极理事会的功能转型与中国的应对策略》，《国际论坛》2013年第3期。

3. 邓贝西、肖琳：《北极协同合作：政策与最佳实践》，《太平洋学报》2015 年第 6 期。

4. 丁煌、朱宝林：《基于“命运共同体”理念的北极治理机制创新》，《探索与争鸣》2016 年第 3 期。

5. 方精云、位梦华：《北极陆地生态系统的碳循环与全球温暖化》，《环境科学学报》1998 年第 2 期。

6. 郭洪、毛登森：《从俄罗斯的“北极战略”解读北极地区的军事博弈》，《电光系统》2014 年第 1 期。

7. 郭培清、管清蕾：《探析俄罗斯对北方海航道的控制问题》，《中国海洋大学学报（社会科学版）》2010 年第 2 期。

8. 郭培清、常晶：《简析构建加拿大北极环境政策的主要因素》，《中国海洋大学学报（社会科学版）》2011 年第 1 期。

9. 何铁华：《〈极地规则〉与北极俄罗斯沿岸水域的制度安排》，《中国海事》2014 年第 9 期。

10. 和静钧：《北约展露全球野心》，《南风窗》2006 年第 10 期。

11. 李振福：《北极航线的中国战略分析》，《中国软科学》2009 年第 1 期。

12. 李振福、王文雅、朱静：《北极航线在我国“一带一路”建设中的作用研究》，《亚太经济》2015 年第 3 期。

13. 李振福、尤雪、王文雅：《中国北极航线多层战略体系研究》，《中国软科学》2015 年第 4 期。

14. 李中海：《梅德韦杰夫经济现代化方案评析》，《俄罗斯中亚东欧研究》2011 年第 2 期。

15. 李巍、罗仪馥：《从规则到秩序——国际制度竞争的逻辑》，《世界经济与政治》2019 年第 4 期。

16. 连燕华、马维野、王玉民：《科技安全的定义与概念》，

《科技管理研究》2000 年第 2 期。

17. 刘惠荣、陈奕彤：《北极法律问题的气候变化视野》，《中国海洋大学学报（社会科学版）》2010 年第 3 期。

18. 刘惠荣、董跃、侯一家：《保障我国北极考察及相关权益法律途径初探》，《中国海洋大学学报（社会科学版）》2010 年第 6 期。

19. 柳思思：《“近北极机制”的提出与中国参与北极》，《社会科学》2012 年第 10 期。

20. 柳思思：《差序格局理论视阈下的“一带一路”——从欧美思维到中国智慧》，《南亚研究》2018 年第 1 期。

21. 柳思思：《欧盟“环境友好型”北极战略的解读》，《国际论坛》2016 年第 3 期。

22. 柳思思：《北极大学国际化办学的教研资源共享与人才培养创新》，《世界教育信息》2020 年第 11 期。

23. 马艳玲：《北极旅游安全面临新挑战》，《中国海事》2010 年第 12 期。

24. 马跃：《从加拿大诉欧盟海豹制品禁令案看动物福利壁垒及其影响》，《对外经贸实务》2012 年第 1 期。

25. 潘敏：《机遇与风险：北极环境变化对中国能源安全的影响及对策分析》，《中国软科学》2014 年第 9 期。

26. 钱宗旗：《俄罗斯北极能源发展前景和中俄能源合作展望》，《山东工商学院学报》2015 年第 5 期。

27. 史春林：《北冰洋航线开通对中国经济发展的作用及中国利用对策》，《经济问题探索》2010 年第 8 期。

28. 孙凯：《参与实践、话语互动与身份承认——理解中国参与北极事务的进程》，《世界经济与政治》2014 年第 7 期。

29. 汪晓兵：《经国际海事组织批准的全球四个排放控制区简介》，《中国海事》2015 年第 8 期。

30. 危敬添：《〈1996 年国际海上运输有毒有害物质损害责任及赔偿公约〉2010 年议定书》，《水运管理》2010 年第 7 期。

31. 湘溪：《“北极和平”的终结?》，《世界知识》2015 年第 12 期。

32. 张丽珍：《南极环境损害责任制度评介以〈关于环境保护的南极条约议定书〉附件六为中心》，《中国海洋大学学报（社会科学版)》2009 年第 4 期。

33. 张侠、屠景芳、钱宗旗、王泽林、杨惠根：《从破冰船强制领航到许可证制度——俄罗斯北方海航道法律新变化分析》，《极地研究》2014 年第 2 期。

34. 张余庆：《MGO 特性及其在船上应用对策分析》，《天津航海》2012 年第 2 期。

35. 舟丹：《俄罗斯将批准私营企业开采北极油气资源》，《中外能源》2013 年第 10 期。

36. 朱晓中：《双东扩的政治学——北约和欧盟扩大及其对欧洲观念的影响》，《俄罗斯中亚东欧研究》2003 年第 2 期。

37. 朱亚宗：《地理环境如何影响科技创新——科技地理史与科技地理学核心问题试探》，《科学技术与辩证法》2003 年第 5 期。

38. 邹志强：《北极航道对全球能源贸易格局的影响》，《南京政治学院学报》2014 年第 1 期。

39. 肖洋：《北极理事会域内治理化与中国参与北极事务路径探析》，《现代国际关系》2014 年第 1 期。

40. 肖洋：《北冰洋航线开发：中国的机遇与挑战》，《现代国际关系》2011 年第 6 期。

41. 肖洋:《中俄共建“北极能源走廊”: 战略支点与推进理路》,《东北亚论坛》2016 年第 5 期。

42. 肖洋:《北极科学合作: 制度歧视与垄断生成》,《国际论坛》2019 年第 1 期。

43. 肖洋:《韩国的北极战略: 构建逻辑与实施愿景》,《国际论坛》2016 年第 2 期。

44. 肖洋:《北极海空搜救合作: 规范生成与能力短板》,《国际论坛》2014 年第 2 期。

45. 肖洋:《北极经济治理的政治化: 权威生成与制度歧视——以北极经济理事会为例》,《太平洋学报》2020 年第 7 期。

46. 肖洋:《北极治理规范供给过剩与有限融合》,《国际政治科学》2021 年第 3 期。

47. 肖洋:《威慑与防御: 北约对俄罗斯“抵近钳制”的北极拐点》,《和平与发展》2021 年第 4 期。

48. 肖洋:《政党国际合作: 全球善治的必由之路》,《唯实》2019 年第 11 期。

49. 肖洋:《格陵兰: 丹麦北极战略转型中的锚点?》,《太平洋学报》2018 年第 6 期。

50. 王明国:《国际制度互动与制度有效性关系研究》,《国际论坛》2014 年第 1 期。

三、外文著作

1. AFS Convention, International Convention on the Control of Harmful Anti - Fouling Systems on Ships, London: IMO, 2005.

2. Anderson P. , Cracking the Code: The Relevance of the ISM Code and Its Impact upon Shipping, London: Nautical Institute, 2003.

3. Brubaker R. D. , Environmental Protection of Arctic Waters, Stockholm: University of Stockholm, 2002.

4. I. Davies, Issues in International Commercial Law 2005, Aldershot, UK: Ashgate Publishing, 2008.

5. Chircop A. and Linden O. , Places of Refuge for Ships: Emerging Environmental Concerns of a Maritime Custom, Leiden: Martinus Nijhoff, 2006.

6. Christophe Betrem, The Future of Arms Control: Part 2. Arms Control and Technological Change: Elements of a New Approac, London: International Institute for Strategic Science, 1978.

7. Chircop T. McDorman and S. Rolston, The Future of Ocean Regime – Building: Essays in Tribute to Douglas M. Johnston, Leiden: Martinus Nijhoff, 2008.

8. Dudley J. R. , Scott, B. J. , Gold, E. , Towards Safer Ships and Cleaner Seas: A Handbook for Modern Tank Ship Operations, Arendal: Gard AS, 1994.

9. Danita Catherine Burke, Diplomacy and the Arctic Council, Montreal and Kingston: McGill – Queen's University Press, 2020.

10. Douglas C. Nord, The Arctic Council: Governance within the Far North, London: Routledge, 2016.

11. Douglas C. Nord, The Changing Arctic: Creating a Framework for Consensus Building and Governance within the Arctic Council, New York: Palgrave Macmillan, 2016.

12. D. J. Sagar, Political Parties of the World, 7th edition, Lon-

don: John Harper Publishing, 2009.

13. Franckx E. , Maritime Claims in the Arctic: Canadian and Russian Perspectives, Dordrecht: Martinus Nijhoffm, 1993.

14. Gold E. , Gard, Handbook on Protection of the Marine Environment, Arendal: Gard AS, 2006.

15. Gold E. , Chircop, A. , Kindred, H. , Maritime Law, Toronto: Irwin Law, 2003.

16. A. G. Granberg and V. I. Peresypkin, Problemy Severnogo Morskogo Puti, Moscow: Nauka, 2006.

17. G. Oude Elferink and D. R. Rothwell, The Law of the Sea and Polar Maritime Delimitation and Jurisdiction, Hague: Martinus Nijhoff, 2001.

18. Institute of Maritime Law, The Ratification of Maritime Conventions, London: Lloyd's Press, 2003.

19. J. Y. Wong, Deadly Dreams, Opium, Imperialism, and the Arrow War in China, Cambridge: Cambridge University Press, 2002.

20. Atkinson K. , Ice and Water: Politics, Peoples, and the Arctic Council by John English (review), Toronto: Penguin Canada/Allen Lane, 2013.

21. John J. Maresca, The Conference on Security and Cooperation in Europe 1937 – 1975, Durham, NC: Duck University Press, 1985.

22. John M. Snyder, Arctic Marine Tourism: Its History, Prospects and Management, Centennial, Colorado: Strategic Studies, 2008.

23. Molenaar E. J. , Coastal State Jurisdiction over Vessel – Source Pollution, The Hague: Kluwer Law International, 1998.

24. Mark Nuttall and Terry V. Callaghan, The Arctic: Environment People Policy, London: Routledge, 2019.

25. Linda Jakobson and Neil Melvin, The New Arctic Governance, Oxford: Oxford University Press, 2016.

26. Nordquist M. H. , S. Roseene A. Yankov, N. R. Grundy, United Nations Convention on the Law of the Sea 1982: A Commentary, Dordrecht: Nijhoff, 1991.

27. Neil Schlager and Jayne Weisblatt, World Encyclopedia of Political Systems and Parties, New York: Facts On File, 2006.

28. Østreng W. , The Natural and Societal Challenges of the Northern Sea Route, A Reference Work, London: Kluwer, 1999.

29. Peter Wallensteen, Peace Reasearch: Theory and Practice, London: Routledge, 2011.

30. Pharand D. , Canada's Arctic Waters in International Law, Cambridge: Cambridge University Press, 1988.

31. Pharand D. , The Northwest Passage: Arctic Straits, Dordrecht: Martinus Nijhoff, 1984.

32. Paul Arthur Berkman, Alexander N. Vylegzhanin, Environmental Security in the Arctic Ocean, Dordrecht: Springer, 2013.

33. Rowe E. W. , Russia and the North, Ottawa: University of Ottawa Press, 2009.

34. Sebenius J. K. , Negotiating the Law of the Sea, Cambridge: Harvard University Press, 1984.

35. Semanov G. , Coastal Pollution Emergency Plan, Oslo: Fridjth of Nansen Institute, 1997.

36. SOPF, The Administrator's Annual Report 2006 – 2007, Ottawa: Ship – source Oil Pollution Fund, 2008.

37. Svein Vigeland Rottem, The Arctic Council and the Search and

Rescue Agreement: The Case of Norway, Cambridge: Cambridge University Press, 2013.

38. Svein Vigeland Rottem, The Arctic Council: Between Environmental Protection and Geopolitics, Singapore: Springer, 2020.

39. Timco G. W. and Kubat I. , Regulatory Update for Shipping in Canada's Arctic Waters: Options for an Ice Regime System, Ottawa: Canadian Hydraulics Centre, 2007.

40. Vidas D. and Østreng W. , Order for the Oceans at the Turn of the Century, The Hague/London/Boston: Kluwer International, 1999.

41. Vidas D. , Protecting the Polar Marine Environment, Law and Policy for Pollution Prevention, Cambridge: Cambridge University Press, 2000.

四、外文期刊

1. Agyebeng W. K, "Theory in Search of Practice: The Right of Innocent Passage in the Territorial Sea", Cornell International Law Journal, Vol. 39, 2006.

2. American Bureau of Shipping, "First Joint Rules for LNG: Class Societies ABS and RS Jointly Develop Rules for Arctic Gas Carriers", ABS Activities, Vol. 24, 2008.

3. American Bureau of Shipping, "Leading Ice Experts Join ABS to Discuss Cold Weather Transport", ABS Activities, Vol. 17, 2007.

4. Albert Buixadé Farré and Scott R. Stephenson, "Commercial Arctic Shipping through the Northeast Passage: Routes, Resources, Governance, Technology, and Infrastructure", Polar Geography, Vol. 37, No. 4, 2014.

5. Alexandre Dubois and Dean Carson, "Placing Northern Development:

The Case of North Sweden", Local Economy, Vol. 31, No. 7, 2016.

6. Arctic Council, "Agreement on Enhancing International Arctic Scientific Cooperation", China Oceans Law Review, No. 1, 2017.

7. Andrey Vokuev, "Russia Opens First Arctic Search and Rescue Center", Barents Observer, Vol. 24, 2013.

8. Armstrong T., "The Northern Sea Route in 1967", Inter – Nord, Vol. 11, 1970.

9. Barbara Koremenos, Charles Lipson, Duncan Snidal, "The Rational Design of International Institutions", International Organization, Vol. 55, No. 4, 2001.

10. Carin Holroyd, "The Business of Arctic Development: East Asian Economic Interests in the Far North", Canada – Asia Agenda, Vol. 2, 2013.

11. Chircop A., "Climate Change and the Prospects of Increased Navigation in the Canadian Arctic", WMU Journal of Maritime Affairs, Vol. 6, 2007.

12. Carina Keskitalo, "International Region – Building: Development of the Arctic as an International Region", International Relations of the Asia – Pacific, Vol. 42, No. 2, 2007.

13. Chris Brown, "The Promise and Record of International Institutions", International Relations, Vol. 33, No. 2, 2019.

14. Camille Escude, "The Strength of Flexibility: The Arctic Council in the Arctic Norm Setting Process", Arctic Yearbook 2016, 2016.

15. Doelle M. and McConnell M. L., "Invasive Seaweeds: Global and Regional Law and Policy", Botanica Marina, Vol. 50, 2007.

16. Graca Ermida, "Strategic Decisions of International Oil Companies: Arctic Versus Other Regions", Energy Strategy Reviews, Vol. 5, 2013.

17. Gladun E. , “Environmental Protection of the Arctic Region: Effective Mechanisms of Legal Regulation”, Russian Law Journal, Vol. 3, No. 1, 2015.

18. Franckx E. , “New Developments in the North – east Passage”, International Journal of Estuarine and Coastal Law, Vol. 16, 1999.

19. Fen Osler Hampson, “Knowledge, Power and International Policy Coordination”, International Journal, Vol. 52, No. 4, 1997.

20. Jensen Ø. , “Arctic Shipping Guidelines: Towards a Legal Regime for Navigational Safety and Environmental Protection?”, Polar Record, Vol. 44, 2008.

21. Jon Rahbek Clemmensen, “When Do Ideas of an Arctic Treaty Become Prominent in Arctic Governance”, Arctic, Vol. 72, No. 2, 2019.

22. Henry P. Huntington, “Arctic Science: The Local Perspective”, Nature, Vol. 478, No. 7368, 2011.

23. Haig Cholakian, “Arctic Agenda: A Heated Race for Control of the World's Coldest Waters”, Harvard International Review, Vol. 39, No. 2, 2019.

24. Koivurova T. and Vander Zwaag D. L. , “The Arctic Council at 10 Years: Retrospect and Prospects”, University of British Columbia Law Review, Vol. 40, 2007.

25. Leiv Lunde, “The Nordic Embrace: Why the Nordic Countries Welcome Asia to the Arctic Table”, Asia Policy, No. 18, 2014.

26. Miroslav Mares, “Oil and Natural Gas in Russia's Eastern Energy Strategy: Dream or Reality?”, Energy Policy, Vol. 50, 2012.

27. Mathias Albert and Andreas Vasilache, “Govern Mentality of the Arctic as an International Region”, Cooperation and Conflict, Vol. 53, No. 3,

2018.

28. Medby I. A. , "Big Fish in a Small Pond: Regime Adherence as Status and Arctic State Identity in Norway", The Arctic Yearbook 2015, 2015.

29. Michael Byers, "Arctic SAR and the 'Security Dilemma'", International Journal, Vol. 74, No. 4, 2019.

30. Olav Schram Stokke, "Asian Stakes and Arctic Governance", Strategic Analysis, Vol. 38, No. 6, 2014.

31. Pharand D. , "The Arctic Waters and the Northwest Passage: A Final Revisit", Ocean Development & International Law, Vol. 38, 2007.

32. Page Wilson, "Society, Steward or Security Actor? Three Visions of the Arctic Council", Cooperation and Conflict, Vol. 51, No. 1, 2016.

33. Øistein Harsem, Arne Eide, Knut Heen, "Factors Influencing Future Oil and Gas Prospects in the Arctic", Energy Policy, Vol. 49, 2011.

34. Rayfuse R. , "Protecting Marine Biodiversity in Polar Areas beyond National Jurisdiction", Review of European Community & International Environmental Law, Vol. 1, 2008.

35. Ron Wallace, "Emerging Canadian Priorities and Capabilities for Arctic Search and Rescue", Canadian Defence & Foreign Affairs Institute, Vol. 24, 2012.

36. Robert Keohane, "Neoliberal Institutionalism: A Perspective on World Politics", In Robert Keohane ed. , International Institutions and State Power: Essays in International Relations Theory, Boulder: Westview, 1989.

37. Sebastian Knecht and Kathrin Keil, "Arctic Geopolitics Revisited: Spatialising Governance in the Circumpolar North", The Polar Journal, Vol. 3, No. 1, 2013.

38. Sebastian Knecht, "The Politics of Arctic International Cooperation:

Introducing a Dataset on Stakeholder Participation in Arctic Council Meetings, 1998 – 2015", Cooperation and Conflict, Vol. 52, No. 2, 2017.

39. Wessel P., Sandwell D. T., Kim S., "The Global Seamount Census", Oceanography, Vol. 23, 2010.

40. Mathias Albert and Andreas Vasilache, "Govern Mentality of the Arctic as an International Region", Cooperation and Conflict, Vol. 53, No. 3, 2018.

后　记

政党政治的发展，是人类文明多样性和统一性有机融合的必然趋势。作为一名专注北极问题研究十余年的青年学者，研究北极地区政党政治是一个新的学术机遇。本书的写作过程异常艰苦，不仅需要组建多语种学术团队来梳理相关外文文献，同时也需要进一步扩展学术视野，增加政治学的相关知识。学术的道路注定是艰苦且孤独的，既需要健康的体魄，又需要坚韧的信念，通宵写作已是常态，高强度的学习和工作压力，让我的身体已经到了步行上楼都一步三歇的地步。本书的撰写，离不开亲朋好友的帮助。感谢我的父母，默默帮我维持着家庭的平稳运转。感谢我的爱人柳思思教授予以的智力支持，是她常常在我陷入思维瓶颈的时刻予以我亦师亦友的指导。感谢我的孩子，时刻让我感到孩提时代最纯真的美好。感谢出版社编辑的宝贵付出，让本书得以顺利出版。感谢我的学生朱文清，她聪明勤奋、踏实好学，让我看到新一代年轻人的拼搏上进。感谢所有学术先行者的学术探索，为我亮起盏盏明灯。当代中国外交的战略视野已从周边延展到了全球，北极是全球治理的重要一环，中国是重要的北极利益攸关方。中华民族的崛起是一种从先辈到今世的期望延续，当于我辈之手再行赓续，由此看来，为国治学，为国求学，则是这个时代予以我的使命。

图书在版编目（CIP）数据

北极国家政党政治与战略决策 / 肖洋著 . —北京：时事出版社，2023. 9

ISBN 978-7-5195-0535-6

Ⅰ. ①北…　Ⅱ. ①肖…　Ⅲ. ①北极—国际政治—研究　Ⅳ. ①D5

中国国家版本馆 CIP 数据核字（2023）第 028156 号

出 版 发 行：时事出版社
地　　　址：北京市海淀区彰化路 138 号西荣阁 B 座 G2 层
邮　　　编：100097
发 行 热 线：（010）88869831　88869832
传　　　真：（010）88869875
电 子 邮 箱：shishichubanshe@ sina. com
印　　　刷：北京良义印刷科技有限公司

开本：787 × 1092　1/16　印张：13　字数：170 千字
2023 年 9 月第 1 版　2023 年 9 月第 1 次印刷
定价：90. 00 元